설렘있는 **직장,**
울림있는 **리더**

설렘있는 울림있는
직장, 리더

박헌건 지음

지식공감 도서출판

추천사

드디어 박실장의 "생각의 정리 정돈"이 완성된 것 같다. 글을 쓴다는 것은 생각의 정리 정돈이기 때문이다.

"정리"란 필요한 것과 불필요한 것을 구분해서 불필요한 것을 과감히 버리는 것이고, "정돈"이란 불필요한 것을 버린 후 필요한 것만 남겨 가지런히 놓는 일이다. 그래서 글을 쓴다는 것은, 글을 읽는 상대방에게 전달해 줄 정제되고 정리된 생각을 표현을 통해 가지런히 정돈해 놓은 것이다.

그런 의미에서 박실장의 책 출간은 정말 의미가 있다고 할 수 있다.

글을 쓴다는 것은 다음과 같은 세 가지 측면의 의미가 있다.

첫째, 글을 쓰는 사람은 행복하다

글 쓰는 일이 생계와 연결되어 있는 경우에는 베스트 셀러를 내야 한다는 강박감과 원고의 납기 등 스트레스를 받는 경우가 있겠지만, 그냥

베풀고 싶은 글을 쓰는 사람은 행복하다

그런 의미에서 책을 읽는 사람의 즐거움보다, 글을 써 내려간 3년 동안 박 실장이 얼마나 행복했을까 하는 부러움 또한 크다.

아침이면 자신의 글을 기다리는 블로거에게 '오늘은 무슨 얘기와 어떤 메시지를 전해줄까' 하면서 좋은 생각과 즐거운 상상, 그리고 긍정 에너지로 하루를 시작했을 테고, 아마도 그로 인해 매일 아침 출근길이 설렘의 발걸음이었을 거라고 생각된다.

즉, 눈부신 축제 같고 행복해서 미칠 것 같은 하루하루를 살아가고 있는 것이다

둘째, 본인 스스로 일일신우일신(日日新又日新)이다

즉, 날마다 새롭고 또 날마다 새로움. 매일 새로운 마음가짐과 새로운 각오로 새 출발을 하고 있다는 의미이다. 박 실장이 사원 시절부터 조직 책임자에 이르기까지의 약 25년의 세월 동안, 수많은 리더를 보고 겪고 느끼면서 "내가 만약 리더가 된다면 꼭 이렇게 하고 싶다"라는 생각을 모아 글로 표현했다. 이는 매일매일의 자기 다짐이자, 자기 약속을 반복해왔던 것이다. 그래서 그런지 본인은 부정할지언정 박 실장은 책에 표현된 모든 모습을 닮아가고 있는 것 같다.

셋째, 함께하는 모든 사람을 바람직한 모습으로 이끌어가는 촉매제가 된다

글을 쓴다는 일은 결국 본인 안에 어떤 생각이 자리 잡고 있다는 것이고, 때문에 집 안에서나 조직 내 회의나 식사 장소에서조차 글에 담긴 뜻들이 말로 전달되게 된다.

결국 사랑하는 가족을 포함하여 주변 동료, 함께하는 모든 사람을

·설렘있는 직장, 울림있는 리더·

바람직한 방향으로 이끌어 가는 것이다. 삶에 있어서 무기력과 행복감은 학습되고 전염되는 것인데, 박 실장은 만나는 모든 사람에게 무기력의 촉매제가 아닌, 행복의 촉매제가 되어주고 있다.

많은 사람들이 나이 들면서 그저 그렇게 안락함과 안전함에 물들어 아무 생각 없이 늙어가고, 눈이 점점 희미해지고, 편리함에 길들여져 습관에 젖어 틀에 박힌 사고에 갇혀 있는 경우가 많다. 하지만 지금 나를 편안하게 해주는 익숙한 습관, 고정관념이나 통념, 편안해지려는 욕구와 동행하지 않고, 사고를 지배하는 동행자를 과감히 바꾸고 싶은 박 실장의 욕망을 책을 통해서 보는 듯하다. 책을 통해서 본인 스스로는 물론, 주변에게 무엇을 간절히 원하고 갈망하는지 알 것만 같다.

첫 책 출간을 가슴으로 축하하며, 계속되는 생각의 정리 정돈, 글쓰기의 행복을 누리기 바란다.

2014. 12. 22
LG전자 제품시험 연구소장
김홍배

들어가며

회사생활 25년.

그것도 한 직장에서 25년.

아직도 부장이라면 어떤 느낌이 먼저 떠오르는가?

긍정적인 직장인이라면 베테랑이나 전문가가 먼저 떠올릴 것이고,

평범한 직장인이라면 정리 해고를 앞둔 사오정 부장을 떠올릴 수도 있고, '회사 생활은 짧고 굵으면서 치열하게 사는 것보다는 가늘고 길면서 조용하게 사는 것이다'를 강하게 주장하는 깻잎형 고참 부장을 떠올리기도 할 것이다.

일반적으로 회사생활 25년이라면 보통 25세 전후에 입사를 하니, 지금은 50세 전후의 부장이라고 보면 되지 않을까 한다. 물론 극히 일부는 이미 임원의 자리에 올라갔을 수도 있지만 99%의 인원은 아직 부장으로 남아있거나, 벌써 다른 회사로 이동하거나 개인 사업을 하고 있다고 보는 것이 맞을 것이다.

주변을 둘러보면 50세 전후 부장들은, 뛰어난 실력으로 인정받는 부

장, 리더로서 멋진 활약을 하는 부장들보다는 한 분야에서 잘 보이지 않은 일을 묵묵히 하는 부장, 최고 전문가로 성장하기 위해 열심히 노력하는 부장, 자기보다 어린 리더를 열심히 보좌하는 부장, 여덟 시 정시 출근해서 다섯 시 땡 하면 퇴근하는 부장, 자기 영역의 일을 고집하고 남들이 넘보지 못하게 하는 아집형 부장, 이제 새로운 것은 시작하기를 꺼리는 부장, 이제 나가면 무엇을 할지에 대해서도 고민하지 않는 부장들이 다양하게 분포하고 있다.

이런 부장들에게 가끔 질문을 던져 본다.

당신의 꿈은 무엇입니까?
당신을 설레게 하는 것은 무엇입니까?

과장, 차장까지만 해도 말은 하지 않지만 '임원이 되는 것'이 꿈이고 가슴을 설레게 하는 것이라고 생각하지만, 감히 밖으로는 표현하지 않는다.
물론 나도 그렇게 생각하고 있지만 결코 밖으로 표현하지 않고 있다.
한 번 더 답을 재촉하면,

꿈?
꿈이 있었지.

하지만 역시 중요한 것은 '강한 자가 살아남는 게 아니라 살아남는 자가 강한 것'이라며 최대한 가늘고 길게 가는 것이 꿈이자 희망이라고 이야기합니다.

이런 상황에서 다시 한 번 질문해 본다.

사오정을 한참 넘긴 부장이 꿈을 가질 수 있을까?

무엇인가 설레는 것을 찾아서 빠져들 수 있을까?

가슴이 열정으로 불타올라 뭔가를 새로운 것을 시작할 수 있을까?

가보지 않은 새로운 것에 실패를 두려워하지 않고 과감히 도전할 수 있을까?

여기 그런 평범하지 않은 평범한 부장의 이야기를 하고자 한다.

삭막한 직장을 설렘이 있는 곳으로 만들고, 구성원들의 가슴에 찐한 울림을 주는 그런 이야기를 하는 현역 리더의 이야기를 하고자 한다. CEO나 고위 임원의 성공 이야기가 아닌 우리 옆에 있는 평범한 부장의 이야기를 풀어나가고자 한다. 사원, 대리, 과장, 차장, 부장 그리고 초보 리더들이 매일매일 회사에서 어려움에 부딪혀도 해결되지 않는 이야기, 경험하지 않으면 알 수 없는 이야기들을 직접 경험한 것을 기반으로 손쉽게 간접 체험할 수 있는 기회를 주고자 한다. 가슴에 울림을 느낄 수 있는 기회를 주고자 한다.

점점 세분화되어 가고 하루가 다르게 급변하는 상황에서 쉽게 접할 수 없는 멘토의 역할을 조금이나마 하고자 한다. 내가 사원부터 부장 시절, 그리고 초보리더 시절 답답함을 느꼈던 부분들에 대해 모든 멘티들에게 도움이 되는 기록을 남기고자 노력했다. 설렘 있는 직장을 만들고 싶어서 준비했고 울림 있는 리더가 되는 방법을 적어 나갔다.

특별히 만든 이야기가 아니고,

11
·들어가며·

바로 나의 이야기이고 우리 직장인들의 이야기이다.

새벽 4시 반이면 일어나 2시간 동안 자신만의 시간을 갖는다.
책을 읽기도 하고, 책에서 뽑은 좋은 이야기를 회사 이야기와 접목하여 새로운 글로 탄생시키키도 한다. 이렇게 하루하루 쌓아 놓은 긍정의 글들을 어느 날부터인가 블로그에 올리고, 주변의 동료 한 명 두 명에게 공유하기 시작한다. 그렇게 시작한 긍정 블로그가 벌써 1,000일을 넘어서고 있고, 500개 이상의 개인 소재와 3천 개 이상의 긍정 글들을 쌓아 놓고 있다.

현역으로 근무하는 리더가 일을 하면서도 한 달에 열 권 이상, 매년 100권 이상의 책을 읽어나가고 있다. 건강한 정신은 건강한 육체에서 온다는 생각으로, 육체적인 건강을 위해 국내 1,000m급 산을 매달 오르고 있다. 나름 육체에 대한 극한 도전을 위해 마라톤 10km를 완주하고, 생활의 활력을 불어넣어줄 세계 10개국 여행을 추진하며 여행 언어 익히기도 소홀히 하지 않고 있다. 영어, 일어가 가능한 수준이고, 5년에 한 가지 언어 도전 계획으로 중국어 등 또다시 새로운 언어에 대해 도전하고 있다.

꿈이 있나요?
설레는 것이 있나요?

술자리에서, 아니면 커피를 마시면서 내가 우리 후배들이나 동료들에게 물어보는 단골 메뉴이다. 그러면 그들은 참 난감한 표정을 지으며 쑥스러운 미소를 보낸다.

꿈요? 설렘요? 이제 생각해볼 나이가 다 지난 것 아닌가요?

그러면 나의 이야기를 들려주기 시작한다.

꿈이 생기고 난 후, 설레는 것을 찾고 난 후의 나의 생활은 완전히 바뀌었다고,

꿈으로 인해 실천력이 늘어나고, 무엇이든지 하는 일마다 열정을 가지고 일하게 되었으며, 그런 마음으로 여러 가지에 도전하게 되었다. 이모든 것은 긍정적인 나의 생활과 성격에서 이루어진 것으로, 긍정적인효과를 이끌었으며 자기계발의 성과로 이어져서 나타나게 된다. 나 자신의 변화뿐만 아니라 직장도 변화하게 되고 구성원들도 함께 변화하는 놀라운 경험을 하게 된다. 직장 출근이 설렘으로 다가오고, 구성원들에게 울림으로 다가가는 리더가 되어가는 기분을 느끼고 있다.

이 뜨거운 가슴의 불꽃을 여러분에게 나눠주고 싶다.

이 불꽃이 시들기 전에 나에게 불꽃이 되어준 신선한 재료들을 여러분에게 전달해 주고 싶다. 자신에게 맞게 요리하는 수고가 필요하지만, 어떤 것은 날로 섭취해도 좋을 만큼 신선하다.

아직 50이 되기 전이라면 저와 함께 꿈을 만들어 보실까요?
설렘 있는 직장을 만들고, 울림 있는 리더로 거듭나 보실래요?

CONTENTS

추천사 ·5
들어가며 · 9
아침 편지를 보내는 이유는 뭘까? · 19

**chapter 1.
뿌리가 성장하는
모습은 보이지
않는다**
23

인사평가에서 C나 D를 받는 사원 ·25
어학을 어느 정도 할까? ·30
게으른 농부, 황혼에 바쁘다! ·33
자기계발, 가마솥 데우듯 하라! ·38
도도새가 되어가는 직장인 ·41
일 잘하는 직장인에게 꼭 필요한 앱 ·45
HBLT, 조직 내 위치 파악법 ·51
장점 발전? 단점 보완? ·57
기고(GIGO)가 아니라 끼고(GGIGO)다! ·62

**chapter 2.
그릇은 채워야
넘치고
화로는 태워야
뜨거워진다**
67

회사 생활 첫 사표 ·69
성장이 정체되는 순간 이력서를 써라! ·74
회사 자리 이동 행복일까, 불행일까? ·79
스트레스 주는 상사와 함께 살아가는 법! ·82
직장을 그만두고 싶을 때 ·88
불행, 어려움 카드를 뒤집는 비법! ·92
리더와 구성원의 시선은 어떻게 다를까? ·96
별을 빛나게 하는 건 캄캄한 밤하늘이다 ·99
직장에선 편견이 오히려 장점? ·103
리더는 거짓말쟁이? ·107

chapter 3.
**꾸준한 리더가
똑똑한 리더보다
멀리 간다**

건강하고 멋진 직장 생활 코드 6088234 ·113

일만 열심히 하는 리더가 정답? ·118

지친 나에게 힘을 주는 보양식? ·122

꽃 같기보다는 나무 같은 직장 생활을 하라! ·127

직장 필수 사칙연산! ·131

정상 등반용 아이젠을 준비하라 ·138

환경 변화에 대응하는 세 가지 리더 유형 ·145

숲형 리더일까, 사막형 리더일까? ·151

회사, 언제까지 다녀야 할까? ·156

chapter 4.
**맹장 밑에
맹졸 나고,
명장 밑에
명졸 난다**

다정한 멘토, 그리고 훌륭한 멘티 ·163

회사를 이끌어가는 리더들 ·168

전략적 급소 그리고 고수! ·173

손자병법에서 배우는 리더의 역할! ·178

칠거지악(七去之惡)과 칠거지약(七去之藥)! ·182

늑대로 변한 양 이야기! ·188

후배를 짜증 나게 만드는 리더 ·193

나무 같은 리더, 숲 같은 리더 ·198

최고를 추구하고, 최초가 되고, 최선을 다하라 ·203

산에 오르는 이유, 직장에 오는 이유 ·207

chapter 5.
평범한 것을
소중히 하는
리더가 되라

회사 생활 덕목 중 가장 최고는 A다 ·213

월요병보다 금요병을 앓아라! ·216

직장에서 가장 행복한 직급은? ·221

밥 사주면 욕 들을까, 칭찬 들을까? ·225

삶, 직장 가장 소중한 보물 ·230

만 시간 법칙, 만 일 법칙! ·235

50점 사원이 200점 받는 법! ·238

삼겹살, 소주로 배우는 직장 행복 ·244

침묵의 금, 조직을 금가게 한다 ·249

나를 이해하는 직장 생활 육하원칙 ·253

직장에서 맘껏 먹어도 되는 소금 ·257

chapter 6.
좋은 리더는
L.E.A.D.E.R.에
강하다

최고의 리더는 L.E.A.D.E.R.에 강하다 ·263

나는 몇 점짜리 리더? ·270

유능한 '팔로워'로 인정받는 여덟 가지 팁 ·276

일 잘하는 리더는 필요 없다 ·281

교수님께 배우는 세 가지 리더십! ·286

직장에서 준비하는 포트폴리오 ·290

몸으로 배우는 좋은 리더 필수 조건 ·295

최고의 리더십은 러브십(LOVEship)이다 ·298

아침 편지를 보내는
이유는 뭘까?

언제부터인가 새벽에 눈을 뜨기 시작했습니다. 아무도 깨어있지 않은 새벽에 거실에서 상을 펴고 컴퓨터 앞에 앉는 것이 처음에는 어색하고 거북했지만, 삼 년이 넘은 지금은 이제 일상이 되었습니다. 평상시뿐만 아니라 술 마시고 난 다음 날, 비몽사몽 상태에서도 그 시간이 되면 눈이 저절로 떠질 정도입니다. 무엇인가 특별한 것을 쓰려고 하지 않았습니다. 그저 이 새벽의 기분을 그냥 적어 나가려고 했습니다. 처음에는 글이 그리 길지 않았고 지금 읽어보면 어색한 글들이 많았지만 열심히 썼던 것 같습니다. 글을 쓰면서 대상으로는 회사 동료들에게 말하듯이 썼고, 인사하듯이 썼고, 안부를 묻듯이 써 내려갔습니다. 소설가처럼 멋지게 쓰지는 않았지만 메일을 받아보는 동료들이 좋아했던 이유가 바로 그것 때문이었다고 생각이 들었습니다. 읽고 난 독자가 좋다고 하면 그 말에 힘을 얻어 글을 계속해서 쓸 수 있었습니다.

처음 6개월간은 우리 팀원들, 그리고 현장 인원들에게 보내기 시작했습니다. 52명으로 기억합니다. 처음에 아침 메일을 받던 인원요. 그들에게 아침 인사를 하는 기분으로 매일 아침을 시작했습니다. 아침 인사를 건네는 것에 나도 기분이 좋았지만, 그 좋은 기분을 그들과 함께한다는 기쁨이 더 컸던 것 같습니다. 사람들과 만나면 아침에 쓴 글로 대화를 시작할 수 있어서 좋았습니다. 칭찬이 고래를 춤출 수 있게 한다고 했던가요. 만나는 사람마다 내게 칭찬을 해 주었습니다. 그 칭찬에 정말 많은 기운을 얻었습니다. 가끔 회식에 나가면 다른 부서 사람까지도 아침 메일 이야기를 소재로 삼아 이야기하고, 다음 날 자신도 메일을 받고자 했습니다. 그렇게 하루하루 구독자들이 늘어가기 시작했고, 어느새 100명, 200명을 넘어서 훌쩍 천 명을 넘어섰습니다. 지역도 구미에서 시작했지만 이제는 전국에 있는 사업장에서 요청이 오기 시작합니다. 그렇게 지금은 전국 사업장에서 아침 메일을 받고 있고, 심지어 해외에서도 일부 인원들의 요청이 들어와 그들에게도 발송을 하고 있습니다.

구독자가 많아지면서 간단한 인사로는 부족하고 무언가가 더 필요함을 강하게 느꼈습니다. 소재의 다양성을 확보하기 위해서 여러 가지 책들을 더 많이 읽기 시작했습니다. 좋은 책을 읽으면 그 안에서 소재로 삼을 주제가 서너 개 나오기도 했고, 그렇지 않은 책이라도 최소 한 개 정도의 소재는 찾을 수 있었기 때문에 책은 손에서 놓을 수가 없었습니다. 그렇게 시작한 아침 글쓰기는 이미 천 일을 넘어섰고, 공식적인 블로그 게재도 900일을 넘어서고 있습니다. 지금 독자 수를 세어보니 우연인지 모르겠지만, 처음 52명에서 딱 2천 명을 넘어서 2,052명이 되었네요. 처음에 비하면 40배 성장한 셈이 되네요. 저는 아침의 긍정 레터를 직장인 1만 명에게 보내는 것을 목표로 하고 있습니다. 만 명의 독자가 아침을 긍정으로 함께 열어준다면 지금과는 아주 다른 기운으로 회사가 바뀔 수 있지 않을까 생각하고, 저 또한 허물을 벗듯 한 단계 성장한 나로 거듭날 수 있지 않을까 합니다. 긍정의 직장인이 우글우글한 그날을 위해 오늘도 열심히 책을 읽고, 소재를 찾고, 글을 쓰고, 메일을 보내고 있는 것입니다.

블로그 대문 글을 다시 한 번 공유해 드리겠습니다.
왜 제가 글을 보내는지 농축적으로 표현한 글이라고 보시면 될 것 같습니다.

아침에 읽는 좋은 글 한 구절은 하루를 행복하게 시작하도록 해 줍니다. 저는 직장 생활에서의 소소한 하루 일상을 '긍정'과 '행복'으로 엮어가고 있습니다. 그래서 이 블로그는 궁극적으로 책을 통해 자신을 성장시키고, 건강한 삶을 통해 행복을 추구하는 곳입니다. 여기 있는 시간이 항상 즐겁고 행복하길 바랍니다. 특히 직장인들이 근심 걱정 없이 살 수 있도록 비타민 같은 활력소를 넣어드리고 싶습니다.
[2012. 6. 19. 블로그를 처음 시작하면서……]
http://blog.daum.net/inhapark2

chapter 01

뿌리가 **성장**하는 모습은
보이지 않는다

인사평가에서
C나 D를 받는 사원

인사평가에서 C나 D를 받은 적이 있습니까? 누구나 한 번쯤은 아니, 여러 번 그런 경험이 있으실 줄 압니다. 저도 그랬으니까요. 회사 정책상 C나 D 평가를 받는 사람은 매년 적게는 10%에서 많게는 30%까지 나오게 됩니다. 저도 회사 생활을 하면서 두 번 정도 C를 받았었는데 그때가 회사 생활을 하면서 가장 힘들었던 기간이 아니었나 합니다. 일도 힘들고, 평가도 엉망이고, 평판도 망가지고. 어휴! 생각만 해도 끔직한 기간이었네요. 그리고 다시 평범한 평가인 B를 받기까지 2년에서 3년 정도의 기간이 걸린 것 같습니다.

저 평가를 받아서 고민을 하고 있을 때 저에게 조언을 해 주신 선배님이 계셨습니다. 그 분은, 후배들을 보면 회사에서 성장가도를 달릴지 아니면 퇴보가도를 달릴지, 저평가가 났을 때 대응하는 자세와 마음가짐을 보면 한눈에 알 수 있다고 하셨습니다. 저도 이십오 년 직장 생활 하면서 리더가 되어보니 그분의 말씀이 딱~ 맞는다는 것을 알 수 있었습니다.

·뿌리가 성장하는 모습은 보이지 않는다·

누구나 저평가를 받게 되면, 내가 못한 게 뭐 있어, 저 사람이 나보다 잘난 게 뭐야? 리더하고 친한 것하고 술 많이 마시면 좋은 점수 받나? 열심히 일한 나에게는 이런 점수를 주고, 지지리도 못하는 동료나 후배에게 좋은 점수를 주고, 뭔가 잘못되어도 많이 잘못 되었다. 이런 생각을 갖게 되면 자연스럽게 일에 집중하지 못하고 다른 회사에 갈 생각만 하게 되고, 모든 일이 불만으로 가득 차게 되고, 회사가 싫어지고, 당연히 성과는 떨어지고, 그다음 해에도 역시 좋은 성과를 받지 못하고 중하위권을 유지하겠죠.

하지만 이런 사람도 있더군요. 얼마간 마음이 아프지만 곧 정신 차리고, 내가 뭐가 부족할까? 상사나 선배가 바라는 게 뭘까? 이런 마음으로 면담이나 커피숍 혹은 술자리에서 술기운을 빌려서라도 선배님, 리더에게 부족한 것이 무엇인지 물어보고 직장에 맞는 회사형 인재로 성장해 가는 그런 사람 말입니다. 이런 사람들이 다음 해에 또는 그다음 해에 다시 상위권으로 도약할 가능성이 많은 사람들이라고 보시면 될 것 같습니다. 다행히도 제가 경험해 보니 전자형 사람보다는 후자형 사람들이 더 많이 있다는 것입니다. 그래서 회사가 잘 돌아가지 않나 합니다.

자신의 3년간의 평가 결과가 어떻게 구성되어 있는지 한번 돌아보세요. 3년간 한번 정도 하위권 평가가 있으면 그리 큰 문제가 되지 않습니다. 3년간 중위권만 있으면 자신의 적극성이나 성과 어필 능력이 부족하다고 보시면 되고요. 3년간 중상위권을 오르락 내리락 한다면 현 조직과 궁합이 잘 맞고 나름 좋은 성과를 내고 있다고 보시면 됩니다.

혹시 3년간 상위권을 유지하고 계신다면?

·설렘있는 직장, 울림있는 리더·

정말 멋진 결과로, 자신이 조직을 이끌어가는 성과를 내고 있는 핵심 구성원이라고 보면 되고요. 차기 리더감으로 손색없는 인재로 성장하고 있다고 생각하고 자신을 자랑스럽게 생각해도 되지 않을까 합니다.

하지만 잊지 말아야 할 것이 있습니다. 여러 가지 유형의 구성원들이 회사 정책과 리더의 유형에 따라 상, 중, 하로 나뉘게 되지만 그것이 자신의 성과에 대한 절대평가가 아니라는 것만 이해하면 된다는 것입니다. 좋은 인재를 모두 데리고 일을 하는 경우에도 결국은 S, A, B, C, D라는 평가를 받아야 하고, 저성과자들만 모아서 일을 하는 경우에도 S, A, B, C, D라는 평가를 받기 때문입니다. 그러니까 내가 잘해도 상대적으로 C나 D를 받을 수 있고, 내가 잘하지 못해도 S나 A를 받을 수 있다는 것입니다.

그런 와중에도 평가를 중, 상으로 꾸준히 받는 사람들이 있더라구요. 제가 리더로서 과연 어떤 사람들이 중, 상위권을 받고 있는지 유심히 관찰을 해 보았습니다. 성과적인 측면에서 상, 중, 하 구성원들 간의 차이가 크게 나타나는 경우는 아주 드물게 나타났고, 다른 면에서 차별화가 이뤄지고 있었고, 그 차이가 한 해의 성과를 좌우하게 됩니다.

첫째, 팀에서 수행하는 중요한 프로젝트 구성원이 되어 일한다

이것은 간단한 공식 같은 것인데, 좋은 평가를 받는 대부분의 사람들이 중요한 프로젝트 구성원일 경우가 많다는 것입니다. 반대로 한 해를 시작할 때 새로운 프로젝트를 제안하고 채택이 되는 순간 자신의 평가 결과가 결정이 된다고 보면 됩니다. 자신이 프로젝트 제안을 하지 않더라도 중요한 프로젝트라 생각되면 적극적으로 참여만 하시면 됩니다. 지금 자신을 보세요. 중요 프로젝트에 참여하고 있나요?

둘째, 리더가 이야기할 때 편안함을 느끼게 한다

리더가 이야기할 때 불안감을 느끼지 않고 편안함을 느끼게 하는 사람들이 있습니다. 말할 때 웃어주고, 가까이 다가오고, 눈을 피하지 않고, 터치가 많은 그런 사람들입니다. 일을 줄 때나, 커피를 마실 때, 심지어 회식을 할 때도 리더 입장에서 편안한 사람이 있게 되는데 그런 구성원들과는 함께 있는 시간이 즐겁고 편안하기 때문에 설사 일이 조금 잘못되고 너그러워지게 되더군요.

셋째, 주변에 사람이 많이 모여들고 관계 부서 사람들이 많이 찾는다

내 주위에 사람들이 많이 몰려드는지 아니면 일을 지시하거나 받을 때만 사람이 모여드는지를 보게 되면 올해 내가 어떤 평가를 받을지 70~80%는 예상할 수 있게 됩니다. 또한 관련 부서에서 나를 많이 찾는지 그렇지 않은지 보더라도 똑같은 평가를 할 수 있게 됩니다. 나와 많은 시간을 보내는 사람들이 결국은 나를 평가해 주는 것이며 나의 평가에 긍정적으로 작용하는 것입니다.

간단한 실험을 해 보세요. 나에게 오는 사람이 몇 명인지 세어보시기 바랍니다. (팀장의 업무 지시도 한 건, 커피 마시러 와도 한 건……), 회의나 업무적으로 나를 찾는 사람이 몇 명인지 세어 보시기 바랍니다. 그리고 팀 내에서 상대적으로 상위 평가를 받는 사람도 비교해서 세어보시기 바랍니다. 차이가 많이 난다구요? 그럼 개선이 필요합니다. 차이가 별로 없다구요? 그럼 잘하고 계신 겁니다.

넷째, 목소리 톤이 높고, 얼굴은 웃고 있으며, 활기찬 움직임이 보인다

주변에서 볼 때 그 사람이 나타나면 누구나 알 수 있습니다. 너무 목소리가 크기 때문에. 지나치다가 만나도 웃으면서 인사를 하며, 항상 활기찬 움직임으로 사뿐사뿐 걸어 다닙니다. 머리부터 발끝까지 깔끔하게 되어있는 경우가 많고 패션도 밝은색의 옷을 즐겨 입습니다. 보기만 해도 저절로 기분이 좋아지는 모습을 하고 있다고 보면 됩니다. 딱 제 스타일입니다.

마지막, 정리 정돈이 잘 되어 있다

책상 위를 보십시오. 정리가 잘 되어 있는지, 서류가 쌓여있는지, 여러 가지 물건이 어지럽게 널브러져 있는지 보시면 그 사람의 평가가 어떨지를 짐작할 수 있습니다. 이게 말이 되냐구요? '지저분하더라도 일만 잘하면 되지!'라고 생각하겠지만 팀 내에서 깔끔한 책상을 유지하는 사원의 평가와 지저분한 책상을 가진 사람의 평가를 살짝 비교해 보세요. 차이가 날걸요?

첫 번째 요소만이 성과에 직접적으로 관련된 평가이고, 나머지 네 가지는 사람들의 기분에 관여되는 항목이라고 요약할 수 있을 것 같습니다.

사람을 기분 좋게 하는 사람, 자신이 기분 좋은 사람, 만나면 행복한 사람, 행복을 나눠주는 사람이 결국은 회사 생활도 잘하는 것이며 평가도 잘 받는 것이 아닌가 나름 해석하고, 그리하려 노력하고 있습니다. 공감이 가실지 모르지만 한 가지라도 아무도 몰래 실천해 보시고, 잘 맞지 않는다면 저를 찾아오세요. 제가 여러분의 경험을 듣고 가능한 조언을 아끼지 않도록 하겠습니다. 찾아오기 싫으시면 이메일이나 댓글로도 가능합니다.

어학을
어느 정도 할까?

일본에서 온 엔지니어와 미팅이 있었습니다. 팀장님과 사수인 홍 대리님은 어떻게 저렇게 일본어를 유창하게 구사하실 수 있을까? 한편으로는 부러웠지만, 다른 한편으로는 배가 아파 미칠 지경이었고, 그 시기를 동력으로 삼아서 일본어 공부가 하고 싶어졌습니다.

"그래 나도 할 수 있어……."

다음 날부터 모든 공부는 때려치우고 일본어 공부를 시작했습니다. 거금을 주고 일본어 초급 학원도 등록하고, 일본어 잡지도 한 권 사고, 모드를 완전히 일본어 공부 모드로 바꿨습니다. 2~3개월 열심히 다니니, 일본 특허도 사전을 들고 그림과 잘 섞어서 조금씩 해석이 가능했습니다. 일본어로 인사 정도는 할 수 있을 정도까지 도달하자, 일본어가 재미 있어지고 일본 출장 한번만 가면 좋을 텐데 하는 마음도 들었습니다. 하지만 일본 고문은 이제 오지 않고 일본 출장도 없으니, 일본 사람과 대화할 기회도 거의 없어서 서서히 일본어에 대한 싫증이 나타나기 시작했습니다.

그러던 중 대만 출장이 잡혀 전시회에 참여하게 되었는데, 그것이 일본어에 대한 싫증을 가속시켰습니다. 전시회 주요 세미나 및 컨퍼런스 발표자들의 발표 내용과 질문, 답변이 공통어인 영어로 통용되고 있었습니다. 내가 완벽하게 잘 듣는 것도 아니고 이해가 잘 되지 않아 답답했으며 세계 공통어인 영어에 대한 투자가 더 중요하다는 생각을 하게 되었습니다. 더욱더 결정적인 것은 저녁 식사자리에 가서 바이어들과 유창하게 영어를 하시는 선배들을 보면서 역시 공통어인 영어를 하는 것이 중요하다는 생각을 확고히 하게 되었습니다.

역시 공부는 영어가 기본이야. 일본어보다는 전 세계 공용어인 영어가 더 중요하지. 출장을 다녀온 날부터 일본어는 그만두고 영어를 좀 더 고급스럽게 구사하기 위해 영어 공부를 하기 시작했습니다. 점심시간에도 영어공부를 하고, 영어 학원도 등록했습니다. 영어 선생님과 함께 대화도 하면서 영어가 점점 늘어가는 것을 느끼고 행복해졌습니다. 영어 시험을 보면 점수도 많이 올라가기 시작했습니다. 하지만 장작이 타다가 새벽이 되면 사그라지듯이…… 또다시 싫증이…….

그러다 생산라인에 아주 어려운 문제가 발생하자 다시 일본 고문이 왔습니다. 물론 영어로도 소통이 가능했습니다. 하지만 회의 정리는 일본어로 하고, 주어지는 자료 또한 일본어 자료이고, 특허 내용 또한 일본어가 대부분이다 보니 다시 스멀스멀 일본어에 대한 욕구가 피어나기 시작했습니다. 특허 분석을 하고 일본에 대한 고급 기술을 습득하기 위해서는 좀 더 일본어를 해야겠다는 생각이 들었습니다. 그렇게 다음 날

·뿌리가 성장하는 모습은 보이지 않는다·

부터 영어책은 접어놓고 일본어 중급 책을 들었습니다.

이렇게 영어와 일본어를 계속해서 바꿔가며 공부를 했습니다.

일본어…… 영어…… 일본어…… 영어…… 일본어…… 영어…….

그러다 보니 한 가지 언어에 집중하지 못하고, 학습 언어가 바뀌게 되면 가속도가 붙지 않아 초·중급까지는 가능해도 고급 언어는 구사할수가 없었습니다. 지금 생각해 보면 한 5년간 꾸준하게 한가지 언어만 했더라면 더욱 잘하지 않았을까 하는 후회가 있습니다. 그랬다면 25년이 지난 지금 다섯 가지 언어를 어느 정도의 레벨 이상으로 배웠을 텐데 말입니다. 25년이 지난 지금 영어는 그나마 가능하나, 일어는 밥 먹을 수 있을 정도의 수준으로 초급을 갓 넘긴 수준이니 많이 아쉽습니다. 지금이라도 5년에 한 가지 집중해서 공부하려고 합니다. 향후 10년후 오늘과 같은 후회를 하지 않도록 말입니다.

지금은 후배들에게 자신 있게 이야기하고 있고, 저도 실천하고 있습니다. 영어든 일어든, 아니면 책이든 운동이든 자기계발을 할 때는 한오 년 정도는 한 가지로 꾸준히 투자하라고 조언을 합니다. 5년 정도하면 완벽하게 자신에게 체화가 될뿐더러, 자신을 표현하고 특화시킬수 있는 프로페셔널 수준의 무기를 확보할 수 있다고 말입니다.

업무도 마찬가지입니다. 자꾸만 부서를 바꾸려고 하지 마시고, 수시로 전공을 바꾸려고 하지 마십시오. 최소 한 부서 또는 한 가지 업무에 5년 이상 근무하려고 노력해 보세요. 그러면 그 분야의 전문가가 되어있을 것이고, 그리고 나서 전문성을 더 심화시켜도 되고 다른 부서로옮기셔도 됩니다.

어학 공부 하는 법, 직장 생활 잘하는 법, 이제 좀 아시겠죠?

·설렘있는 직장, 울림있는 리더·

게으른 농부,
황혼에 바쁘다!

회사 생활을 하다 보면 경조사에 참석해야 하는 경우가 참 많은데, 저는 그중에서 상갓집은 가능한 한 참석하여 슬픔을 반으로 나눠주고자 하는 편입니다. 그날도 동료의 상갓집을 갔다가 사업부 OB이며 중소기업으로 옮기신 선배님을 만나서 잠시 이야기를 할 기회가 있었고, 선배님은 후배인 저에게 본인이 느낀 것 중에서 저에게 도움이 되는 세 가지를 말씀해 주셨습니다.

첫째, 바쁘지만 바쁘지 않다.

선배가 대기업에서 근무할 때는 주로 상사가 시키는 업무를 챙기고 서포터하느라 바빴는데, 중소기업으로 옮기고 난 후에는 자기가 주도적으로 계획을 하고 업무를 진행하느라 정말 눈코 뜰 새 없이 바쁘다고 하시네요. 바쁘다는 말이 무슨 뜻인지를 절감하고 있다고 합니다. 모든 일을 주도적으로 진행하니 일하는 물리적 시간은 더 길어지고, 할 일의 종류는 더 많아져서 바쁘게 하루를 보낸답니다. 하지만 개인이 느끼는 스트레스는 훨씬 덜하다고 말씀하셨습니다. 중소기업의 일이 바쁘기는 하지만 스트레스가 빠진 바쁨이라, 스트레스까지 가중됐던 대기업의 바쁨과 비교해서는 그리 나쁘지 않다는 말씀이셨습니다.

둘째, 배우고 또 배워라!

대기업은 신입사원 교육부터 시작해서 각 직급별 필수 교육을 받습니다. 심지어 고참 부장까지도 추가 교육을 받고, 임원이 되어서까지도 엄청나게 많은 교육을 받으면서 회사 생활을 합니다. 이렇게 대기업은 시간 투자를 해서 개인들을 끊임없이 육성시키지만, 중소기업은 상대적으로 개인별 교육 시스템과 시간 투자가 열악하다는 것은 어찌 보면 당연한 것이라고 말씀하십니다. 그런 대기업에서 또는 미래를 위해 투자하는 중견 기업에서 배운 지식은 고맙다고 생각하고 언제든지 활용할 수 있도록 유지하라는 말씀이셨습니다. 왜냐? 지금 근무하고 있는 회사를 나오게 되면 이동을 해서 새 출발을 하게 되는데 꼭 쓰일 곳이 있다는 말씀입니다. 선배님도 회사 생활을 할 때는 교육 받는 시간을 시간 때우기식으로 쉬러 간다 생각했는데 그러지 말라는 충고셨습니다. 오히려 그 시간을, 자신을 성장시키는 좋은 기회라 생각하고 악착같이 자기 것으로 만들라는 말씀이시네요.

셋째, 자신이 선택한 그곳에서 승부를 보라!

회사에 있을 때는 어렵고 힘들 때마다 어떻게든 회사를 벗어나려고 고민했는데, 회사를 나와보니 후배들에게 하고 싶은 말이 "있을 수 있을 만큼 회사에서 버티고, 밖에서 노력하는 만큼 회사에서 노력한다면 충분히 성장하면서 성공할 수 있다"라고 하더군요. 물론 대기업은 좋고 중소기업은 나쁘다는 뜻은 아닙니다. 중소기업이라도 자신이 선택하고 현재 근무하고 있는 그곳에서 승부를 보는 경우가 훨씬 유리하다라고 말씀하시더군요. 대기업은 대기업에서, 중소기업은 중소기업에서, 개인 사업은 개인 사업에서 전력을 다해 승부를 하라는 말씀이셨습니다.

세 가지 모두 소중한 선배님의 말씀이지만, 그중에서 가장 기억에 남는 말씀은 첫 번째 '바쁨'에 대한 설명이네요. 특히 "바쁘지만 바쁘지 않다"라는 말씀이 인상적이네요.

혜민 스님께서 하신 바쁨에 대한 말씀이 떠오르네요.

나는 나를 둘러싼 세상이
참 바쁘게 돌아간다고 느낄 때 한 번씩 멈추고 묻는다.
"지금, 내 마음이 바쁜 것인가, 아니면 세상이 바쁜 것인가?"

정말 회사에서는 왜 항상 바쁠까?
회사가 진짜 바쁜 것인가, 아니면 내 마음이 바쁜 것인가?
내 경험을 되돌아보고 바쁨의 근원을 찾아봤습니다.

첫째, 출근이 늦으면 하루가 바쁘다

저는 7시 언저리에 회사에 나옵니다. 하루를 일찍 시작하고 읽어야할 메일을 찬찬히 읽고 처리합니다. 밀린 결재가 있다면 이 시간에 처리하고, 어제 끝내지 못한 일과 오늘 해야 할 일등을 꼼꼼히 챙기는 시간으로 활용하고 있습니다. 그렇게 하루를 시작하면 정말 여유롭게 하루를 보낼 수 있습니다. 아무리 회의가 많아도, 상사에게 보고하는 건수가 많아도, 아침을 1시간 일찍 시작하는 것이 엄청나게 도움이 됩니다. 아침 1시간은 낮 3시간 이상의 집중도와 효과를 보이기 때문에 하루 8시간, 길게 10시간 근무한다고 생각하면 약 30%의 시간 투자를 더하는 편입니다. 똑같은 능력이라고 한다면 매일 30% 더 투자하는 사람과 그렇지 않고 바쁘게 출근하는 사람과는 차이가 나는 게 당연하겠죠?

둘째, 일의 시작을 늦게 하면 일을 하는 내내 바쁘다

저는 업무를 가능하면 일찍 시작하려고 합니다. 가능하다면 일을 예상하고 미리미리 준비하려고 촉각을 곤두세우고 있습니다. 간단히 말해서는 20-20 법칙을 사용하곤 합니다. 한 해를 시작하는 것은 1월이지만 저는 20% 앞선 전년도 10월부터 준비를 합니다. 20% 빠르게 미리 준비한다면 그만큼 준비가 충실하게 됩니다. 이렇게 계획에 시간을 많이 투자해서 완벽하게 준비하고 일을 시작하니 한 해의 결과가 알차지 않은 것이 이상할 따름입니다.

미리 예상하지 못해 갑자기 업무가 주어지는 경우라면 어떻게 할까요?

이 경우도 20-20 법칙이 효과적입니다. 한 해를 마무리하는 것이 12월일 경우, 20% 정도 앞선 10월까지 완료하는 계획을 수립합니다. 그렇게 계획하고 완료하려고 하면 대부분 맞출 수 있고 만에 하나 원하는 성과가 나오지 않을 경우라도 다시 한 번 도전할 시간이 주어지고 2개월이면 대부분 만회하게 됩니다. 경험상 10월 계획하고 도전했을 때 성공률이 90% 정도는 되고, 12월까지 본다면 9% 정도는 만회가 가능하게 됩니다. 99%라면 거의 완벽하다고 해도 되겠죠?

일 년 계획이 아니라도 20-20 법칙을 사용할 수 있습니다. 3개월짜리 프로젝트라면 12주니까 2주 먼저 시작하고 2주 먼저 끝내려고 하면 되겠고, 열흘 안에 마쳐야 한다면 2일 먼저 시작하고 2일 먼저 끝내려고 하면 됩니다.

셋째, 업무 전체를 계획하고 시작하지 못하니, 닥치는 순간마다 바쁘다

이것도 역시 20-20 법칙으로 해석이 가능한 부분입니다만, 두 번째 내용이 실천 위주라면 이번 것은 계획을 중점으로 설명한 것이 다른 점이라 보면 되겠네요. 일을 하기 전에 20% 정도는 계획을 하는 데 투자하라는 것입니다. 1시간 일을 하려고 하면 12분을 계획에 투자하라는 것이고, 열흘 프로젝트라면 이틀간 계획을 하고, 일 년 업무라면 2개월 정도를 계획을 수립하는 데 사용하라는 것입니다. 전체 계획을 세우고, 그에 따라 세부 실행 계획을 세우고, 세부일정과 담당자까지 계획한다면 그 이후 업무 스피드는 말로 설명하기 힘들 정도로 빠른 것을 여러 번 경험했습니다.

이외에도 실질적으로 바쁜 이유는,

상사가 너무 늦게 오더를 내리고 가능한 한 빨리 결과를 보고 싶어할 때, 내가 원하는 일정보다는 상사가 원하는 일정 위주로 업무를 할 때, 자신이 미루고 미뤄서 늦게 처리하는 스타일일 때, 여러 가지 업무를 위임하지 못하고 내가 직접 처리해야 하는 스타일일 때, 타 부서에 협조를 잘 이끌어 내지 못할 때 등이 있습니다.

제가 저에게 말하고, 후배들에게도 해 주는 말입니다.

'게으른 농부, 황혼에 바쁘다!'

자기계발,
가마솥 데우듯 하라!

라면을 끓이는 데는 양은 냄비를 사용하고, 닭을 삶거나 찜을 할 때는 큰 찜통을 사용하고, 많은 사람들이 함께 먹을 밥을 위해서는 무쇠 가마솥을 이용하기도 하고, 심지어 동해안 해맞이 장소에 가면 수백 명이 먹을 수 있는 솥이 설치되어 있기도 합니다.

양은 냄비는 라면을 요리해서 끼니를 때울 수 있는 도구이며 요리하는 데도 3분이면 충분합니다. 한 끼를 때울 라면을 쉽게 얻을 수 있습니다. 무쇠 가마솥은 밥을 할 수도 있고, 닭이나 커다란 칠면조라도 푹 삶아 요리할 수 있습니다. 하지만 무쇠 가마솥에 밥을 하거나 요리를 하려면 몇 시간의 노력이 필요하게 됩니다. 그렇지만 그 시간과 노력을 들이면 많은 사람이 함께할 수 있을 정도의 밥이나, 몸에 좋은 요리를 얻을 수 있습니다.

우리가 직장 생활을 하는 데 있어서도 이와 다르지 않습니다. 라면같이 쉽게 끓여서 빨리 먹어야 하는 프로젝트도 있고, 가마솥같이 많은 자원과 시간과 노력을 들여야 완성되는 프로젝트도 있습니다. 그때 그

때 맞추어서 적당한 그릇에 적절한 자원을 투입하여, 적기에 완성해야 하는 것입니다.

하지만 역량 계발은 프로젝트 완성과 다릅니다. 바로 끓여서 완성하는 3분 요리처럼 완성되지 않는 능력이기 때문입니다. 어학을 공부하고, 품질 자격증을 따는 것과 같이 자신의 실력을 높이는 경우이든지, 아니면 취미를 발전시키는 경우라도, 라면과 같이 양은 냄비에 자그마한 노력으로 아주 빠르게 얻으려고 하다 보면 입에는 달고 빠르게 먹을 수 있는 라면 같은 실력은 만들 수 있습니다만, 몸을 보호하고 체력을 보강할 정도의 보양식 같은 실력은 확보하기 어렵습니다.

보양식 같은 음식을 마련하기 위해서는 우선 커다란 가마솥을 준비하고 그 솥을 데울 정도의 뜨거운 화력을 준비해야 합니다. 큰 가마솥이라 함은 큰 목표를 의미합니다. 최고의 목표를 의미합니다. 직장에서 원하는 최고의 레벨을 목표로 삼아야 한다는 뜻입니다. 어학을 예로 들면 우선 우리 회사 영어의 경우 최고 레벨인 SEPT 7레벨 이상을 목표로 해야 한다는 뜻입니다. 식스 시그마 수준의 경우라면 GB(Green Belt), BB(BlackBelt)가 목표가 아니라 MBB(Master Black Belt)를 목표로 해야 한다는 뜻이기도 하구요, 품질 자격증이라면 CQE, CRE, CFEI 등 모두를 획득하는 것을 뜻하는 것입니다.

그리고 그 솥을 데우기 위해서는 시간과 자원을 많이 투자하여야 한다는 뜻입니다. 큰 목표를 설정한 만큼, 그 목표를 달성하기 위해서는 삼 개월이나 육 개월 정도를 해서는 되지 않습니다. 적어도 3년이나 5년 정도는 목표로 삼으시기 바랍니다. 필요하면 개인 교습도 받으시고, 좋은 교재도 사서 보고, 가끔은 휴가 내고 도서관에도 가야 합니다. 절대 시간이 흘러가면서 실력이 저절로 좋아지는 것은 없습니다. 시간이 지나면 실력은 계속 떨어지게 되니, 지속적이고 집중적인 투자가 없으면 안 됩니다.

그리고 그 역량이 필요한 시기와 그 역량을 사용할 리더를 만나기를 기다려야 합니다. 어떤 리더와 일을 하느냐에 따라 그 사람이 선호하는 인재형이 있습니다. 자신이 어느 정도의 실력을 가지고 있다 해도 상사와 시기가 적절하게 맞아야 합니다. 가마솥에 밥이 다 되었어도 마지막 뜸이 들어야 정말 맛있는 밥을 만들 수 있듯이, 기다릴 수 있어야 합니다.

내가 지금 하는 일이, 내가 오늘 해야 할 일들이, 양은 냄비에 라면을 끓이듯 일을 하는 것인지, 무쇠 가마솥에 밥을 짓는 것과 같이 일을 하는 것인지 잘 생각해 보셨으면 좋겠습니다. 이왕이면 가마솥을 뜨겁게 달구는 겨울 장작의 뜨거운 열기처럼 활활 타오르는 열정으로 멋진 직장 생활을 하시길!

도도새가
되어가는 직장인

　도도(Dodo)새에 대하여 들어보셨나요? 도도 (Dodo)새는 마다가스카르 앞바다의 모리셔스 섬에 생식했던 현재는 멸종한 조류입니다. 도도는 날지 못하는 새로, 날개가 퇴화하여 몸체에 비해 매우 작아 날 수 없었습니다. 날개가 퇴화한 이유는 도도새가 살던 땅에는 도도새를 위협할 만한 맹수가 없었기 때문입니다. 그래서 도도새는 포식자가 살지 않는 서식지의 특성에 맞게 새들에게 가장 튼튼한 생존 수단인 날개를 포기한 것입니다. 도도새는 날개를 포기한 대신 튼튼한 다리와 구부러진 부리로 철저히 땅 위의 생활에 적응하였으며 몸무게는 대부분 25kg을 넘었다고 하나 현재는 박제도 없이 오직 뼈나 부리만이 존재한다고 합니다. 천적이 없어서 번성할 것 같은 도도새가 오히려 멸망한 경우입니다.

　회사에서도 도도새가 되어가는 분들이 있습니다. 어찌 보면 한 분야에서 남들보다 성공한 듯이 보이지만 자신이 도도새가 되어가고 있는 것을 모르는 분들이 있습니다. 왜 직장에서 도도새가 되어가고 있는데

·뿌리가 성장하는 모습은 보이지 않는다·

자신은 모를까?

첫째, 우선은 그 분야에서 경쟁자가 없는 경우입니다

십 년이고 이십 년이고 자기만의 분야에서 이동하지 않고 그냥 하던 것을 익숙하게 하는 사람들입니다. 경쟁자와 정당한 경쟁을 통해서 자신의 약점을 보완하고 경쟁력을 발전시키는 것이 회사 생활 생존의 당연한 이치인데 주변에 경쟁자가 없어서 경쟁할 필요가 없고, 그러다 보니 자신의 분야에서 전문가가 되어있는 경우가 되겠습니다. 어찌 보면 한 분야에서 최고의 전문가로 성장하는 것 같지만 실제로는 그렇지 않은 경우가 아주 많습니다.

리더는 이런 사람들이 도태되지 않도록 신선한 경쟁을 계속해서 제공하는 미션을 가져야 합니다. 그 방법은 적당하게 안주하려는 사람에게는 업무 로테이션 기회를 제공하여 새로운 환경에서 다시금 경쟁하게 만들어서 끊임없이 자신의 부족한 부분을 발전시키도록 해야 합니다.

둘째, 자기만의 경쟁력인 날개를 포기하는 경우입니다

새들이 꼭 필요한 것은 날개입니다. 부리와 다리도 일부 필요하지만 그것이 날개의 발전과 함께 병행하지 않으면 안 된다는 것입니다. 독수리가 다리와 부리가 잘 발달되어 있다고 해도 날개가 함께 발달되어 있기 때문에 새들의 왕이 될 수 있는 것입니다. 날개를 포기한 순간 육상의 동물들과 경쟁을 해야 하는데, 오래전부터 발전하고 진화해온 육상 동물들과 경쟁하면서 살아나갈 수 없을 뿐만 아니라 생존 자체가 위협받게 됩니다.

내가 근무하고 있는 부서에서 필요한 필수 요소가 무엇인지 알아야

·설렘있는 직장, 울림있는 리더·

합니다. 내가 가지고 있는 날개가 무엇인지 알아야 합니다. 그 날개를 우선해서 발전시켜야 합니다. 리더는 무엇이 회사에 필요하고 개인의 역량에 필요한 것인지를 알고 육성시켜야 한다는 것입니다. 구성원들에게 필요한 날개가 무엇인지를 알고 그것을 발달시킬 수 있는 기회를 제공해야 한다는 것입니다.

셋째, 생존에 필요하지 않은 다리와 구부러진 부리를 발전시키는 경우입니다
자신을 방어하는 능력, 자신만의 욕심을 키우는 능력, 이런 능력을 성장시키는 것에 자신의 모든 힘을 집중시키는 것을 경계해야 합니다. 회의에 가서 우리 부서로 일을 가져오지 못하도록 하는 능력이 최고인 사람이 있습니다. 일이 안 되면 핑계를 너무 그럴듯하게 대는 능력이 극대화된 사람이 있습니다. 나의 잘못도 남의 것으로 하고, 남의 잘못은 만천하에 드러내는 데 익숙한 능력을 가진 사람이 있습니다. 직장에서 필요한 날개인 실력을 발전시키는 것이 아니라, 직장에서 덜 필요한 부분인 다리와 부리를 너무 발달시키는 경우가 되겠습니다.

이럴 경우 리더의 역할이 무엇보다 중요합니다. 리더는 이러한 구성원이 있을 때, 일을 받아오지 않아서 좋아하는 것이 아니라 적절히 일을 받아 오도록 해야 한다는 것입니다. 밖에서 일을 받아오지 않을 뿐 아니라 리더의 일도 잘 받지 않으려 하기 때문입니다. 날개를 적절히 사용할 수 있도록 평소에 훈련을 시켜야만 합니다. 가끔은 절벽에서 밀어내기도 해야 합니다. 구성원들이 날개가 필요함을 느끼도록 말이죠.

도도새, 아주 짧은 순간, 좁은 지역에서, 최고의 자리에 있을 수 있습니다. 하지만 경쟁자가 없는 순간 본인도 모르게 서서히 퇴화하기 시작

·뿌리가 성장하는 모습은 보이지 않는다·

합니다. 이러한 퇴화를 막기 위하여 끊임없이 새로운 분야에 도전해야
합니다. 자신이 잘하는 것만을 너무 발전시키는 것이 아니라 조직에서
생존에 필요한 것들을 골고루 발전시켜야 한다는 것입니다.

스티븐 코비의 말로 마무리합니다.

'가장 큰 위험은 위험 없는 삶이다.'

일 잘하는 직장인에게
꼭 필요한 앱

하루는 후배 사원과 국내로 출장 갈 일이 있었습니다. 버스를 타고, 열차를 타서 영등포에서 여의도로 가는 코스를 선택했습니다. 한데 후배 사원이 스마트폰을 이용해서 버스 시간도 알아보고 열차 시간도 알아보고 예약도 하는 것이었습니다. 저도 나름 앱들을 많이 사용하고 있는데, 그 친구는 내가 사용하지 않는 앱을 추가적으로 사용하고 직접 생활에 편하게 사용하는 것이었습니다. 그래서 그 앱을 바로 카피해서 사용하는 법까지 배웠습니다.

대부분의 직장인들은 최신 폰을 사려고 하고 많이 사용하고 있지만, 그 안에 들어있는 앱들은 최신 앱으로 깔려고 하지 않고 종류도 그리 다양하지 않은 것 같습니다.

제가 사용하는 앱은 회사 이메일 보기, Who Who앱을 통한 스팸전화 차단, 인터넷 서치, 다음 블로그 및 클라우드, 페이스북 및 카카오스토리를 이용한 사진과 글 공유, 카카오톡, 신한은행 앱을 이용한 은행 거래, 다음 지도, 포토그리드를 이용한 사진 편집, 코레일 톡을 이

· 뿌리가 성장하는 모습은 보이지 않는다 ·

용한 열차 예약, 카메라 및 내비게이션 기능 활용, 증권 정보, 메모 및 캡쳐 기능 등……

나름 많은 앱을 이용해서 생활에 바로 적용하고 있습니다. 하지만 어떤 분은 전화 걸고 받는 기능 위주로 사용하시는 분들도 계십니다. 특히 나이를 많이 드신 분일수록 예전같이 그냥 받고 거는 용도로만 쓰시는 분들이 많이 계신 것 같습니다. 비싼 스마트폰을 가지고 계시면서도 폴더폰과 거의 비슷한 기능만 쓰시는 분들도 흔히 볼 수 있습니다.

이것을 보면, 우리 직장 생활도 이와 별반 다르지 않다는 생각이 드네요. 젊은 사람들일수록 스마트폰에 나를 활용하는 여러 가지 앱을 잘 설치하고 활용하는데, 나이가 들고 고참이 되어갈수록 앱 수가 적어지고 그 활용도가 낮아지는 것 같습니다. 특히 회사 생활을 하면서 끊임없이 회사에 필요한 앱을 설치하고 업데이트해야 합니다. 단순히 회사에서 시키는 일만 하고 어제하고 똑같은 일만 반복적으로 하는 것이 아니라 주변 변화에 대응해서 자신의 능력을 계발하고 우수 사원을 벤치마킹하고 최신 버전으로 업그레이드해야 하는 것입니다. 그렇다면 회사에서 꼭 설치해야 하고 지속적으로 업데이트를 해야 하는 앱은 어떤 것이 있을까요?

첫째, 글로벌 시대에 직장인이라면 꼭 필요한 어학 능력 앱입니다

회사 생활을 하는 회사원이라면 누구나 가장 먼저 설치해야 하는 가장 중요한 앱입니다. 우선은 글로벌 시대에 글로벌 구성원들과 편안하게 소통을 하기 위해 필요한 필수 앱입니다. 그리고 진급에 기본 조건으로 활용하는 앱이고 조건은 지속적으로 업그레이드해 주어야 합니다.

우리 회사의 경우 영어는 TOEIC Speaking Level 7 이상이면 진급에 필요한 어학 조건이 영구 면제입니다. 이 부분까지 사원 때 따 두십시오. 직급이 올라가면서 그 힘은 지수함수적으로 늘어나게 됩니다.

남보다 진급을 먼저 하고 싶으세요?

회사에서의 최고의 혜택인 MBA를 가고 싶으세요?

가족들에게 최고의 경험을 선사할 수 있는 해외 주재원으로 근무하고 싶으세요?

그러면 영어라는 어학은 기본입니다. 혹시 중국에 가고 싶으면 중국어를, 남미 쪽에 가고 싶으면 스페인어나 포르투갈어를, 프랑스나 독일에 가고 싶다면 불어나 독어를 할 수 있다면 남들보다 선택 받을 확률을 높일 수 있으실 겁니다. 이와 같이 나에게 깔려있는 어학 앱의 레벨과 업데이트 날짜를 확인해 보세요.

둘째, 나의 일의 전문성을 보조해 줄 수 있는 전문 지식 활용 앱입니다

회사에서 일을 잘하기 위해 취득해야 하는 전문 지식 활용 앱을 설치해야 합니다. 우리 회사의 경우 Six sigma Belt를 확보하는 것입니다. 회사 언어의 기본이 되는 필수 앱입니다. 사원 때 Green Belt, 대리 때까지 Black Belt를 획득해 놓도록 하십시오. 엔지니어라면 당연히 따야 하는 것이고, 비엔지니어라도 꼭 따도록 하십시오.

혹시 Master Belt가 있다면 커다란 장점이 됩니다. 리더인 제가 보기에도 Master Belt가 있는 사람이라면 리포트의 질이나 업무의 질에 대해서는 그리 큰 고민을 하지 않고 보게 됩니다. 리더가 보기에 필요한 곳에 배치할 수 있는 장점으로 활용성이 매우 뛰어나기 때문입니다. 그만큼 성과도 높다고 보시면 되겠습니다.

품질부서인 우리 부서에는 ISO심사원, 친환경 심사원, CRE, CQE, CFEI 등의 품질 자격증도 있습니다. 이러한 국제 자격증 또한 자신의 능력을 보일 수 있는 능력 보조 앱이라고 보셔도 될 것 같습니다.

이러한 앱은 진급에서도 필수로 관여하게 됩니다. 특히 부서를 이동하게 되는 경우에도 중요 요소로 작용하게 됩니다. 받는 사람이 고과와 함께 그 사람의 능력을 평가하는 첫 번째 요소로 보는 항목이기 때문입니다.

기타 나에게 어떤 업무향상 앱이 깔려있는지 몇 년산 앱인지 확인해 보시기 바랍니다.

셋째, 어려움도 두려워하지 않는 도전 정신 앱입니다

프로젝트나 업무를 해 나가면서 꼭 설치하고 실행해야 하는 앱입니다. 회사에서 월급을 받는 직원이라면, 회사에서 필요로 하는 일을 당연히 해야 합니다. 그리고 일이라는 것은 항상 내 입맛에 맞는 쉬운 것만이 오는 것이 아니라 풀기 어려운 일들도 중간중간에 섞여있게 마련입니다. 이러한 어려움을 도전하고 극복하고 성공한 체험이 곧 앱이라고 보시면 되겠습니다. 자신을 돌아볼 때 어떤 어려움에 도전했고 그 도전을 어떤 창의적인 방법으로 극복했으며 어느 정도의 성과를 내고 특히 내가 무엇을 배웠는지를 기록한 앱이 있어야 한다는 것입니다. 도전 앱의 레벨이 높을수록, 횟수가 많이 카운팅될수록 유능한 회사원이라고 보면 되겠습니다. 나의 도전 앱 횟수와 성공 체험 횟수 그것을 통해 배운 개수는 몇 개인지 말씀해 주실 수 있으십니까?

마지막, 원하는 근무 연수만큼 할 수 있게 해주는 긍정의 앱입니다

직장인들이 가장 원하는 것 중의 하나가 회사에서 자신이 원하는 기간만큼 근무하는 것이 아닐까 합니다. 저도 정년까지 회사를 다니고 싶은 사람 중의 한 명이기 때문입니다. 회사를 오래 다녀 정년을 채우시고 은퇴하시는 분들을 유심히 살펴보면, 업무에서는 산전수전 다 겪으신 베테랑이시고 인적 네트워크가 남다르고 사람관계가 유연하신 분들이십니다. 그런 연유로 웬만한 일에서는 화를 내는 모습을 보기가 어렵고, 아무리 어려운 일이라도 할 수 있다는 자신감으로 일을 처리하시며, 회사에서 하는 일은 다 잘될 거라는 긍정의 마인드로 무장하신 분들이 대부분이셨습니다.

할 수 있다.
이 또한 지나가리라.
화를 내면 내가 손해다.
사람에게 상처를 주지 마라.

이러한 앱 툴이 설치되어 있어서 필요할 때마다 작동을 하기 때문에 모든 일에 긍정으로 대할 수 있고, 회사 생활도 긍정으로 하게 되며, 긍

·뿌리가 성장하는 모습은 보이지 않는다·

정으로 은퇴할 수 있게 되는 것입니다.

나의 긍정 앱에는 어떤 툴들이 들어있나요?

하드웨어만 좋다고 회사 생활이 잘되는 것이 아닙니다.
하드웨어가 조금 낡았다고 회사 생활이 어렵고 힘든 것만도 아닙니다.
우리가 가진 하드웨어는 이미 충분한 용량과 스피드를 가지고 있습니다.
그 안에 어떤 앱이 설치되어 있고 얼마나 자주 업그레이드하느냐가 더욱 중요한 것입니다.

아침부터 저녁까지 스마트폰 앱만 열심히 보지 마시고, 내가 가지고 있는 앱이 어떤 것이 있는지 언제 업그레이드했는지 확인해 보는 하루가 되었으면 합니다.

HBLT,
조직 내 위치 파악법

　　　　　가끔은 자연을 무대로 한 다큐멘터리 방송을 볼 기회가 있습니다. 가보지 않은 미지의 자연을 보고 있으면 왠지 마음이 편안해지고 언젠가는 거기에 내가 있을 것 같은 상상으로 기분이 좋아지기 때문입니다. 특히 나의 눈을 끈 것이 여러 가지 파충류들이었는데, 어렵고 힘든 기후 조건에서도 그 장소에 맞게 진화하면서 살아가는 모습이 마치 어려운 기업 환경에서도 힘겹게 사투하는 우리 조직들과 많이 닮아있다는 생각이 들었습니다.

　그중에서도 내 눈을 사로잡는 것은 꼬리를 자르는 도마뱀이었습니다. 특히 자신이 잡혀 먹힐 위기 상황에 자신의 꼬리를 적에게 내어주고 달아나는 그런 종류의 도마뱀 말입니다. 급변하는 경제상황에서 조직도 어려운 상황을 맞닥뜨리게 되면 자신의 구성원들 중에서 꼬리 부분에 있는 사람들을 잘라내는 아픔을 겪으면서 조직을 살리는 고육지책을 활용하게 됩니다. 여러분도 여러 번 경험하셨죠?

　그렇기 때문에 조직 생활을 하면서도 자신의 위치가 어디인지 평소에

·뿌리가 성장하는 모습은 보이지 않는다·

잘 알고 있어야 합니다. 자신이 머리 부분인 Head 역할을 하는 위치인지, 조직 행동의 중심인 Body 역할을 하는 위치인지, 보디를 받쳐주는 Legs 역할을 하는 위치인지, 아니면 조직의 균형을 잡아주고 불시에 떨어져 나갈 수 있는 Tail 역할을 하는 위치에 있는지 알고 있어야 한다는 말이기도 합니다. 왜? 꼬리라면 언제라도 떨어져 나갈 수 있다는 것을 알아야 하니까.

조직에서의 자신의 위치는 간단하게 HBLT(Head-Body-Legs-Tail)로 구분할 수 있습니다. 가장 중요한 것은 역시 Head 부분으로 10~20% 정도의 High Performer 부분 또는 리더 그룹입니다. 그리고 Body 부분도 역시 없어서는 안 될 중요한 부분으로 강한 실천력이 있는 40~50%의 인원이 포진해 있게 됩니다. Body를 지탱해주고 Body와 연결되어 있는 부분으로, Legs 부분과 Tail 부분이 각각 10~20%의 비율로 존재하게 됩니다. 성과도 H=S, B=A, L=C, T=D 인 경우가 많게 되겠지요.

조직에서 생활하다 보면 내가 어느 위치에 고정되어 있는 것이 아니라, 나의 성장과 퇴보에 따라 그 위치를 자꾸 옮기게 됩니다. 누구나 처음에는 몸에 붙어있는 비늘이나 다리 끝에 붙어있는 발톱에서 시작하게 됩니다. 하지만 경력이 쌓이고 프로젝트를 진행해 나가면서 바디로, 다리 본체로, 점차 중요 자리로 옮겨가게 됩니다. 그러다 경쟁에 이기게 되면 주로 머리 부분을 구성하는 중요 위치로 옮겨지게 됩니다.

하지만 어떤 경우에는 세월이 흐르고 프로젝트를 하면 할수록 자꾸만 꼬리 쪽으로 옮겨가는 사람들이 있습니다. 배 부위에 있을 때는 어디로 가는지 잘 모르게 됩니다만 자신도 모르게 조금씩 꼬리로 옮겨가게 되는 것입니다. 어느 순간 뒷다리를 지나 뒤쪽으로 가는 자신을 느낄 수 있을 겁니다. 꼬리로 옮겨가는 경계를, 뒷다리를 넘어서는 지점이라고 보면 틀리지 않을 것 같습니다. 그렇게 되면서부터는 사업이 커가는 때에는 상관이 없지만 위험에 도달하게 되면 언제든지 떨어져 나가야 한다는 사실을 알고 생활해야 한다는 것입니다.

그러한 시그널이 지속적으로 오게 되는데 어떤 시그널이 내가 꼬리로 가는 상황일까요?

회사에서 본의 아니게 사회로 밀려나가시는 분들의 공통점을 열거해 보면 다음과 같습니다. 잘 짚어보시고 자신이 어디에 속하는지 확인해 보시기 바랍니다.

첫째, 중요 업무와의 거리가 자꾸 멀어집니다

처음에는 자신의 위치 주변에 중요 장기가 가까이 있어야 합니다. 뇌, 눈, 귀와 같은 감각기관, 소화기관, 또는 생식기관 등이 나와 밀접하게 관련이 되어있어야 합니다.

회사에서 가장 중요한 부서와 가까이서 핵심적인 사람들과 연관되어 일을 하고 계신가요?

아니면 팀 내에서 가장 주목 받는 프로젝트인 팀장 프로젝트를 하고 계신가요?

아니면 해도 그만, 안 해도 그만인 일을 하고 계신가요?

그것을 잘 모르겠다고요?

자신이 만든 결과가 조직의 탑에게 올라가는 보고서에 중요하게 위치하고 있나요?

자신의 팀장이 자신의 결과를 가지고 실장, 담당, 본부장님께 보고를 하고 계신가요?

·뿌리가 성장하는 모습은 보이지 않는다·

중요 결과가 잘 나오지 않을 때 자신에게 만회 방안을 마련하도록 하는가요?

그러면 중요한 위치에 계신 겁니다. 아니라고요? 그러면 좀 먼 데 계시네요.

이렇게 중요 장기 주변에 있다가 조직이 성장하거나 장기 기능의 보완이 필요할 때 내 자신이 그 장기의 일부로 속해지는 경우가 아주 좋은 경우가 되겠네요. 그런 경험을 해 보셨나요? 아니면 점점 더 중요 부위와는 관계가 없는 부위로 변해가나요?

둘째, 피가 자신을 통과하지 않아 피부가 점점 두꺼워 집니다

우리 몸에서 피는 모든 영양소를 몸 구석구석까지 전달해 주는 아주 중요한 역할을 합니다. 그와 같이 커뮤니케이션도 우리 조직 구석구석까지 활력을 전달해 주는 중요한 역할을 합니다. 커뮤니케이션이 잘 되는지 안 되는지 알아보는 지표가 있습니다. 자신에게 오는 업무 관련 이메일의 숫자가 얼마나 많은지 세어보도록 하세요. 점점 이메일이 많아지는지 아니면 하루에 서너 통 받으면 그만인지 매달 추이도를 그려 보세요. 그러면 자신으로 피가 잘 통하는지 안 통하는지를 알 수 있게 됩니다.

당신은 일주일에 팀장과 이메일을 몇 번이나 왕래하세요? 또, 차차 상위자인 실장이나 담당과는 일주일에 몇 번 정도의 이메일 소통을 하시나요? 그것이 곧 나에게 전달해 오는 피의 양과도 같다고 생각하시면 될 것 같습니다. 아니면 상사와 대면하는 숫자라도 상관없습니다. 일주일에 팀장과 대면하는 자리가 얼마나 되세요? 실장과 임원에게 보고하는 숫자가 얼마나 되세요? 한 달에 한번도 없다고요? 그러면 피가 잘 통하지 않는 위치일 가능성이 큽니다. 중요한 위치라고 해도 점점 더 두꺼워지는 각질로 변할 가능성이 큽니다. 피가 잘 안 통하면 피부가 각질이 되고 자꾸 몸 바깥으로 아니면 꼬리 쪽으로 밀려감을 인식해야 합니다. 그러고 나면 곧 몸에서 떨어질 것은 누가 말씀 드리지 않아도 아실 겁니다.

셋째, 움직이는 부위가 아니라 고정 부위인 경우가 많습니다

우리 몸이나, 도마뱀 몸이나 지속적으로 움직이는 곳은 꼭 필요할 경우가 많습니다. 중요 부위가 아닌 서포터 부분이라도 부위별 중요도가 차이가 나게 됩니다. 같은 다리 부위라도 관절 부분은 매일매일 움직이는 부분이니 더욱 중요한 부분입니다. 그러나 움직이지 않는 부분은 점점 퇴화하게 되고, 쓸모없게 되어버리는 경우가 많습니다. 조직에서도 활발하게 업무가 있고 새로운 변화가 일어나는 부분이라면 어느 부위라도 상관없습니다. 부서를 필요에 의해서 옮기든가, 미션을 새롭게 받는다든가, 추가적인 업무를 받는 경우는 상관없습니다. 하지만 자신의 부서가 근육 쪼그라들듯이 조직이 줄어들고, 더 이상 새로운 업무가 없어서 과거에 하던 일들을 반복적으로만 하게 되고, 점점 비곗덩어리들만 쌓여서 움직임이 없어지는 그런 경우가 바로 꼬리로 옮겨간 상황이라고 보시면 됩니다.

자신이 느끼기에 조직에서 고정되어 있는 느낌이 들고, 어제와 같은 오늘이 계속되고 일은 점점 편해지고 익숙해지는 느낌이 든다면 바로 몸에서는 필요 없는 고정 부위 또는 껍질 부위 또는 꼬리 부분으로 옮겨와 있다 보시면 될 것 같습니다.

조직이 성장하고 주변 환경이 문제가 없다면 HBLT 모두 조화롭게 살아갈 수 있습니다.

하지만 위기 상황이라면 언제든지 HBL로만 살아가야 하고, 심지어 HBL 중 한 다리라도 잘라야 하는 경우가 생기기도 합니다.

이왕이면 조직에서 머리 역할을 하면 좋습니다. 그것이 안 되면 중요 장기 역할을 하면 그것도 역시 괜찮습니다. 그것도 안 되면 중요 부위 주변과 연결되어 있어야 합니다. 필수 부위인 움직이는 부분이라면 더욱더 좋겠죠?

하루하루 변해가는 자신의 위치를 알고 있어야 합니다.
저도 주기적으로 그 위치를 체크해 보곤 합니다.
고참들은 자신의 위치를 알고 있을 겁니다.
단지 표현을 하고 계시지 않을 뿐이죠. 그렇죠?

·설렘있는 직장, 울림있는 리더·

장점 발전?
단점 보완?

어항에 남생이와 다른 물고기를 함께 키워 보신 적이 있으신가요? 그렇다면 밤에 자고 나면 작은 물고기들이 한두 마리씩 없어지는 경험을 해 보셨을 겁니다. 남생이는 잠을 자는 물고기에 느리게 접근해서 지느러미 부분을 잘라 먹기 시작합니다. 그러면 물고기의 동작이 둔해지고 그러다가 전체가 잡혀 먹히게 됩니다. 접근하는 데는 거북이처럼 느리고 은밀하게 접근하는 기술이 필요하고, 도망가는 데는 물고기처럼 재빠르게 움직이는 기술이 필요합니다. 이렇듯 각자의 삶에 맞춰 각자의 장점이 발달하는 것 같습니다.

물론 단점도 있습니다. 물고기는 빠르지만 보호할 외피 등이 부실하여 외부 공격에 취약하게 됩니다. 그리고 밤에는 잠을 자야 하기 때문에 자는 기간 동안 공격을 받게 됩니다. 거북이도 단점이 있습니다. 움직임이 너무 느리기 때문에 낮 동안에는 물고기를 따라갈 수가 없습니다. 알을 꼭 모래에 낳아야 하는 단점으로 인해 자손 번식이 그리 쉽지만은 않습니다.

약하고 부실한 피포식자에게는 움직이는 스피드와 개체를 많이 번
식할 수 있는 능력을 주고, 강하고 튼튼한 포식자에게는 스피드와 개
체 수를 줄여서 조화를 이루도록 자연계의 제어 능력이 작동하고 있습
니다.

회사에서도 이런 자연계의 법칙이 적용되고 있을까요?
그리고 배울 점이 있을까요?

첫째, 거북이나 물고기나 각각 장점과 단점을 가지고 있다
회사에서도 구성원 한 명 한 명은 각자의 장점과 단점을 가지고 있습
니다. 업무를 빠르게 하지만 깊이가 부족한 연구원, 깊이가 있고 신중
하지만 반응이 느린 대리도 있고, 대외적인 업무는 능숙하게 처리하지
만 내부 관계는 소홀한 과장도 있고, 너무 내부적인 업무만 익숙하고
대외 부서 관계는 미숙한 선임도 있습니다. 업무적 기술 능력이 뛰어난
데 그 업적을 표현하는 프레젠테이션 능력이 떨어지는 차장도 있고, 대
외 발표나 프레젠테이션은 능숙한데, 기술적인 이해도나 깊이가 떨어지
는 부장도 있습니다.

이런 장점만 모아놓은 사람이 있었으면 하지만, 그런 사람은 없습니
다. 아마 다른 단점이 존재할 것입니다. 예로 회사 일에 완벽해 보이는
분들 중에는 가정에서 균형을 잡지 못하시는 분들이 있으실 겁니다.

이렇게 우리 팀을 구성하는 한 분 한 분이 각자의 장점과 단점이 있
다는 것을 이해하는 것이 서로를 이해하는 데 아주 중요하고, 리더인
경우 더욱더 장, 단점을 잘 파악하여 적절한 업무에 배치 활용하는 것
이 중요하게 됩니다.

저도 업무 정리 및 발표에 능하다는 말을 많이 듣지만(장점), 한편으로는 세부적인 디테일에 부족하다는 말도 많이 들었습니다(단점). 여러분도 분명히 자신의 장점과 단점을 파악해 보시는 것이 우선 중요합니다.

둘째, 각자의 단점을 보완하기 위한 나름의 방법을 가지고 있다

물고기는 여리고 포식자에게 속절없이 먹히지만, 알을 많이 낳아서 자손 수를 늘리고, 그 자손들의 평소 움직임을 빠르게 해서 자신의 단점을 보완하고 있습니다.

우리도 첫 번째에서 자신의 단점을 파악하고 그 단점을 보완할 방법을 취해야 한다는 것입니다. 프레젠테이션이 부족하다면 발표 연습 횟수와 연습 시간을 늘려서 보강하고, 보고서 쓰는 능력이 부족하다면 잘 쓴 보고서 형식을 벤치마킹하거나 수정 횟수를 늘려서 보강하고, 세부 수치를 기억하는 디테일이 부족하다면 메모나 노트를 활용해서 보강하고, 상사와 대면해서 보고하는 능력이 부족하다면 메일이나 메시지를 활용해서 보강합니다. 그러면 단점 자체가 오히려 자신의 부족한 부분을 발전시킬 수 있는 재료가 될 수 있습니다.

우선은 자신이 꺼려지는 특징이 있는지 확인하시는 것이 중요하고, 그 부분의 최고 고수를 찾아서 일 년에 한 가지라도 벤치마킹하여 능력을 향상시킨다면 회사 근무 연수가 늘어나면 날수록 자신의 보유 능력이 늘어나는 경험을 하실 수 있으실 겁니다.

셋째, 두 가지가 충돌할 때는 장점을 더욱 발전시키도록 하라

물고기는 거북이처럼 딱딱한 외피를 만들어서 자신의 단점을 보완하기보다는 자신의 장점인 스피드와 다산으로 자신의 단점을 보완했습니다. 회사에서도 이런 질문을 많이 받습니다. 자신의 단점을 보완하는 게 급하고 중요한 것인지, 아니면 자신의 장점을 더욱 발전시키고 보완하는 게 중요한 것인지 말입니다.

저의 경험을 말씀 드리면, 과장 이하에 계신 분들은 자신의 단점을 파악하고 단점을 보완하는 데 시간을 투자하십시오. 그리고 과장 때부터는 자신이 가지고 있는 장점 능력 극대화에 모든 시간을 투자하도록 하십시오. 그 이유는, 과장 이하까지는 업무를 배워 능력을 극대치로 끌어올려야 한다는 이야기입니다. 자신이 갖고 있지 않은 업무 지식 확장, 스킬 향상, 태도나 예절도 배워야 합니다. 인생에 필요한 것은 유치원에서 다 배웠다 하듯이 사원, 대리 때 모든 것을 다 배워야 합니다. 이때 자신의 그릇 크기가 결정된다고 보시면 되겠습니다.

그리고 과장 때부터는 그릇의 크기를 키우는 것이 아니라 그릇의 강도를 올리는 시기입니다. 특히 자신이 잘하는 분야에 대한 집중적인 연습으로 장인이나 달인 수준까지 올려야 합니다. 그렇게 되면 자연스럽게 그 분야에서 독보적인 존재가 되어가면 독창적이고 뛰어난 성과까지 내게 됩니다. 고참이 돼서도 자신의 부족한 능력에 시간을 투자할 수 있지만, 부족한 능력이 향상되어 기본까지 오는 데 시간이 많이 걸리기도 하고, 그동안 자신의 장점은 점점 평범한 실력으로 줄어든다는 사실입니다.

결국은 많은 능력을 확보하는 것 같지만 전체적으로 평범한 실력을 보유한 무미한 사람으로 변하게 됩니다. 물고기가 겉껍질을 단단하게 하여 스피드를 줄이는 것이라 보면 되겠네요. 거북이가 먹기가 수월하겠죠?

춘란추국(春蘭秋菊)이라 했습니다.

봄의 난초와 가을의 국화는 각각의 향기와 피어나는 시기가 있습니다.

난초가 국화 향을 따르지 않고, 국화가 봄에 피려고 노력하지 않습니다.

이제는 각자의 장점 잘 파악하고 장점을 극대화하는 데 온 힘을 다하도록 하세요.

기고(GIGO)가 아니라
끼고(GGIGO)다!

기고(GIGO)란 말을 들어보셨나요?

GIGO = Garbage In, Garbage Out이라는 뜻입니다.

어제는 전체 조회가 있었고, 우리가 필요한 능력 현황에 대해 공유하는 자리가 있었습니다. 작년에 비해서는 괄목할 만한 성장을 이루었지만, 아직도 가야 할 길이 남아있다는 생각이 들었습니다.

후배들이 술자리에서 가끔 저에게 물어보곤 합니다.

"선배님! 회사에서 보내주는 석사, 박사, MBA 등은 어떻게 하면 얻을 수 있나요?"

"해외 법인에 나가는 방법, 전문위원이 되는 비법이 있을까요?"

"핵심 인재로 성장하는 방법이 무엇인가요?"

그러면 저는 항상 이렇게 말을 해주곤 합니다. 석사, 박사, MBA, FSE, 전문위원이 되는 조건을 일단 갖추라고 말합니다. 왜냐하면 조건이 되는 사람들 중에서 선발을 하지, 조건이 되지 않는 사람은 후보에도 못 올라가기 때문입니다. 짧게는 끼고(GGIGO)라고 이야기해 줍니다. 특히 GIGO(Garbage In Garbage Out)하지 말고 GGIGO(Good GIGO)라고 말합니다. 나쁜 인풋을 하면 나쁜 결과가 나오는 GIGO이고, 좋은 인풋을 하면 좋은 결과가 나온다는 Good GIGO인 GGIGO입니다. 직장에서 혜택을 보는 방법은 비법이 아니라 표준과 같이 다 알려져 있다는 것입니다. 짧게는 GGIGO이지만 자세하게 설명해 드리도록 하겠습니다.

첫째, 자신이 원하는 목표를 설정합니다

어디로 가야 할지 알아야 그곳으로 달려가듯이, 우선 내가 진정으로 원하는 것이 무엇인지 자신의 뇌 속에 새겨 넣어야 합니다. 석사, 박사 또는 MBA등을 공부해서 미래에 대한 자신감을 얻고자 하는 것인지, 전문 실력을 쌓아서 기술적 최고 위치인 전문위원이 되고 싶은 것인지, FSE가 되어서 해외에서 일하는 경험을 쌓고 싶은 것인지, 핵심 인재로 회사에서 중요한 역할을 하고 싶은지, 명확한 목표가 설정되어야 합니다.

둘째, 필요한 조건이 무엇인지를 찾아봅니다

자신이 원하는 목표가 무엇인지 설정이 되면 인사에서 그런 인재를 선발하는 기준이 무엇인지 확인해 보아야 한다는 것입니다. 인사고과는 3년치를 본다는 것, 어학은 6레벨 또는 7레벨이 되어야 한다는 것, 품질 FSE는 출하품질 또는 중요 품질 부서를 경험해야 한다는 것, 석사가 되기 위해서는 학사를 먼저 따야 하고, 박사가 되기 위해서는 석사가 먼저 되어야 한다는 것입니다.

셋째, 한 단계 높은 조건으로 유리한 위치를 차지합니다

원하는 목표가 무엇인지 알고 자신의 역량을 파악하게 되면 어느 부분을 보완할지를 알게 됩니다. 그러고 나면 단순히 그 조건을 만족하는 수준으로는 경쟁 우위를 확보할 수 없게 됩니다. 조건보다 한 단계 높은 조건을 갖추어야 한다는 것입니다.

고과가 BBA이상이 기준이면 AAB 또는 AAA 이상을 확보하고 있어야 합니다. 어학이 6레벨 이상이면 7레벨, 8레벨을 확보하고 있어야 합니다. BB가 기본이라면 MBB를 따도록 하십시오. 출하 품질에 대한 경험이 필요하다면 출하, 입고, 개발, 서비스, 자재까지 경험하도록 하십시오.

조건이 되는 사람이 10% 정도라면, 조건을 한 단계 올리면 5%까지 좁혀지게 됩니다. 두 가지 조건을 업그레이드해 놓으면 3%까지, 세 가지 이상일 경우 1%까지 집중되게 됩니다.

넷째, 상사에게 꾸준히 어필합니다

모든 조건이 되어도 결국 선정하는 사람은 자신의 상사입니다. 조직을 운영하는 데 한 사람에게 혜택을 주기 위해서는 대체 인원이 준비가 되어있어야 합니다. 자신의 준비뿐만이 아니라 상사 또한 조직 운영이 가능하도록 준비를 하도록 해야 합니다. 그렇기 때문에 바로 보내달라고, 또는 빼 달라고 하는 것보다 3년 전부터 꾸준히 상사에게 자신의 목표를 말해야 한다는 것입니다. 상사의 머릿속에 홍길동은 MBA를 하고 싶구나, FSE를 나가고 싶구나 하는 것을 심어주어야 합니다.

다섯째, 꾸준히 Gold In해야 합니다

그리고 나면 기다려야 합니다. 자신이 맡은 일을 열심히 해야 합니다. 관련 부서와의 관계도 성실히 임해야 합니다. 옆 부서 상사에게도 내 상사와 같이 성실히 대해야 합니다. 평소 열심히 Gold In을 해야 합니다. 그러면 저절로 Gold Out이 됩니다.

다섯 가지 복잡하지만 한 마디로 하면 끼고(GGIGO)입니다. 평소에 좋은 것을 넣어야 좋은 결과가 나옵니다. 쓰레기를 넣으면서 그것이 변해서 골드가 나오기를 바라시면 안 됩니다.

Garbage In Garbage Out, Gold In Gold Out!

조상님들도 일찌감치 알고 계셨습니다.
콩 심은 데 콩 나고, 팥 심은 데 팥 난다.

그리고 카피라이터 정철 씨의 말처럼,
콩 심은 데 콩 나고, 팥 심은 데 팥 나고, 안 심은 데 아무것도 안 난다.

·뿌리가 성장하는 모습은 보이지 않는다·

chapter 02

그릇은 채워야 넘치고,
화로는 태워야 **뜨거워진다**

회사 생활
첫 **사표**

　　　　　　풍운의 꿈을 안은 채 제조 1년 경험을 마치고 연구소로 당당히 올라갔다.

3명의 인원이 함께 연구소 기획으로 올라가자, 벌써 세 분의 고참들이 기다리고 있다. 선입견일까? 그들은 제조 엔지니어보다는 조금은 샤프해 보인다.

과연 나는 어디로 갈까?

각각 소속이 미리 정해진 듯 약간의 인사를 나눈 후 선배 손에 이끌려 자리로 가자 테이블에 대여섯 명이 환한 웃음으로 기다리고 있다. 오랜만에 신입이 왔다고 너무 반긴다. '나이 차이가 꽤 나는데……' 속으로 생각했지만 인상이 그리 나쁘지 않아 한편으로는 마음의 불안을 풀 수가 있다.

나는 전자총의 열원을 담당하는 히터와 캐소드를 설계하는 그룹에 배치를 받았다. 날씬한 체구에 안경을 쓴, 깐깐하게 생긴 리더와 면담을 했다. 이런저런 이야기를 했지만 제조 1년의 경험으론 여기에서 무엇을 하는지 세부적으로는 잘 알지 못했다. 여러 가지 잡스러운 신상을 털어놓고서 난 머리가 희끗하신 고참에게 배치되었다. 연세가 있어 보였지만 아직 선임으로 오랫동안 히터 개발에만 몰두하신 전문가였다. 눈에 잘 보이지도 않는 코일 모양의 히터라는 것을 국산화/저가격화/이원화하는 업무였다. 선배는 나의 첫 과제로 옆 책장에 널려있는 수십 권의 서류들을 담아놓은 박스들을 정리하라고 하셨다. 뭐가 뭔지 하나도 알지 못하니 일단 서류들을 깨끗하게 정리하기만 하라신다. 일본어로 쓰여진 서류들이 너무 많다. 일본어는 히라가나 정도 떼었는데······ 일본어 열심히 해야 하겠네······.

그다음은 사람 소개를 해주기 시작했다. 관련 부서 사람들, 그리고 외부 업체들까지 관련자들을 소개해 주었다. 사람 만나고 인사하고 밥 먹는 생활이 한 달 정도는 계속된 것 같다. 그런데 이 선배는 특이한 버릇이 있다. 연구소에 오면 보통은 2~3개월 OJT를 시켜주는데 그것 없이 실물 위주로 보게 하고, 필요하다면 스스로 찾아서 공부하라는 것이다. 공부할 자료는 선배님이 지시해서 내가 정리하고 있던 자료 안에 다 들어있다는 것이다. 하지만 자료를 아무리 찾아봐도 알 수 없는 그래프와 표만이 들어있는데 무엇이 있다는 것일까?

제조에서는 하루에 할 것이 거의 정해져 있었는데 여기는 그에 비하면 나를 거의 방치하다시피 한다. 자율적으로 공부하는 것이 연구소인가 보다. 히터를 배우기보다는 우리 그룹 전체의 잡일을 주로 하는 생활이 지속되고 있다. 단지 좋은 것은 공통 교육이 많다는 것이고 아침 1시간은 자신의 공부를 할 수 있는 것이다. 보통은 일본어 또는 영어를 공부하는 사람들이 대부분이었다.

어느 날, 사수가 나를 부른다. 현재 국산화 진행 중인 제품의 진행 현황을 확인하고 오라는 것이다. 그동안 공부를 많이 했으니 제품을 만드는 공장에 가서 개선할 점이 없는지 보고 오라는 것이었다.

드디어 내가 할 일이 생겼구나. 몸이 근질근질하던 차에 드디어 내가 연구원으로서 업체를 방문해서 당당히 내 역할을 할 수 있겠구나 했다. 기운이 났다. 의욕이 불탔다. 과연 혼자 잘 할 수 있을까 걱정도 되었지만 그리 걱정하지 않았다. 연구소에서는 이제 2개월 차지만 그래도 제조 경험 1년이 있지 않은가.

할 수 있다, 할 수 있어.

회사에 도착해서 공장장의 환대를 받으며 차를 한잔했다. 꼬박꼬박 존댓말을 써주는 공장장의 말씨에 나도 모르게 어깨가 으쓱해졌다. 제조 공정 전반에 대해 설명을 듣고 진행 중인 이원화 모델의 진행 현황에 대해 설명을 들었다. 공정을 흘러가는 제품은 잘 확인할 수가 없었다. 제품은 현미경으로 검사해야 알 수 있는 작고 전기적, 화학적 특성을 평가해야 불량을 구분할 수 있는 것이 대부분이었기 때문이다. 물건이 잘 나오고 있다는 담당 부장의 설명을 들으면서 내일 납품되는 물건에 이상이 없다는 확인을 했다. 솔직히 설명을 듣지 않으면 무엇을 해야 할지도 잘 모르는 게 당연한 것이라 말할 수 있다.

그리고 귓가에 스치는 말……

이왕 간 김에 공장에서 개선할 점이 없는지 확인하라는 소리가 기억이 났고, 라인에 들어가 다시 한 번 둘러보기로 공장장께 말씀 드렸다. 우리 회사 제조 라인에 눈이 맞춰진 내가 보기에 라인 구석구석에는 결함이 참 많아 보인다.

·그릇은 채워야 넘치고 화로는 태워야 뜨거워진다·

역시 나도 제조에서 눈이 높아진 덕분이야. 어떻게 이렇게 개선점들이 잘 보일까. 몇 가지 개선점을 들고, 공장장과 정리 회의를 진행한다. 5S가 안 되어있고 개선점들을 하나둘 이야기하자 공장장의 낯빛이 굳어지는 것이 보인다. '잘하고 있는 거야……'라고 속으로 나를 응원을 했다. 당당히 연구소로 들어와 상황을 보고하자, 왠지 사수의 표정이 그리 밝지 않다.

"박 기사."

"예……."

"당신 뭐 하고 온 거야?"

"예?"

"공장장에게 이야기한 것들이 뭐냐고?"

"개선점에 대해서 찾아보라고 해서요."

그날 이후 사수와의 관계는 싸늘하게 변했고, 공장에도 갈 수가 없었다. 그러던 중, 새로운 후임 사원이 연구소로 왔고, 그 친구가 전공이 화공이라는 이유로 물리인 나보다는 일에 잘 맞는다며 지금 하고 있는 일을 다른 쪽으로 변경하도록 한다. 하늘이 노랗다. 사수가 왜 나에게 다른 일을 하라고 할까? 그룹장을 찾아갔다. 그룹장도 마찬가지다. 사수와 이미 협의 끝냈고, 3개월 정도밖에 일하지 않았으니 새롭게 다시 시작하라는 것이다. 이해가 되지 않았다. 다음 날 드디어 처음으로 회사에서 사표라는 형식을 찾아서 차분히 써내려 갔다. 그룹장과 면담을 실시한다. 비장한 각오로…….

어느덧 25년 차인 제가 그때의 박 기사에게 이렇게 말해주고 싶습니다. 박 기사, 회사 생활을 하다 보면 일을 바꾸는 경우는 아주 많단다.

·설렘있는 직장, 울림있는 리더·

특히 회사 생활 3년 이내는 어떤 일이 주어져도 달갑게 받아들이고 주어진 일을 열심히 처리해 보게나. 한 가지 일을 해도 좋고, 여러 가지 일을 해도 좋다네. 그때까지는 고참들의 선택이 자신이 선택하는 것보다 더욱더 넓고 깊은 경우가 많다네. 자네가 하고 싶은 것을 하는 곳이 회사가 아니라 회사가 필요한 것을 하는 게 직원이라는 것을 기억하게나 그때는 잘 안 보이는 게 정상이네. 3개월을 잘 참고, 3년을 버텨 보게나. 그러면 회사가 보이기 시작할 것이네.

·그릇은 채워야 넘치고 화로는 태워야 뜨거워진다·

성장이 정체되는 순간
이력서를 써라!

90년대 초반, 우리 회사에서 사용하는 주요한 모든 기술은 일본에서 돈 주고 사왔습니다. 그래서 그런지 모르는 것이 있으면 MS를 보면 나온다고 하더라고요, 선배님들이.

MS?

Mobara Standard 의 약자라고 하네요. 히타찌 공장이 있는 곳이 바로 '모바라'라고 하니까 히타찌 표준이라고 보시면 되겠네요. 우리가 고민하고 있는 웬만한 기술들이 기술서 모음에 다 들어있다고 하고, 회의를 할 때도 MS 나온다고 하면 누구 하나 토를 달지 않으니 정말 대단하죠?

표준과 함께 가끔 기술 고문들이 방문을 하는데, 일주일 있다가 가면 우리나라 엔지니어 6개월치를 받아가곤 했습니다. 한 달 정도 있으면 연봉을 가져가기도 했으니 초창기 기술 이전료가 얼마나 비쌌는지 상상이 가시죠?

·설렘있는 직장, 울림있는 리더·

이런 상황에서 제가 느낀 것은 다른 곳에 있었는데, 바로 고문의 이력서가 나를 강하게 끌더라고요. 고문에 대한 이력서 내에서는 일본 회사에서 근무한 이력과 자신이 이룬 성과 및 자신이 보유한 특허까지 정말 상세하게 적혀있는 것을 보고 적지 않은 감동과 충격을 받았습니다.

그것을 보고 나도 이력서를 한번 써 봤는데, 그 당시 정말 초라하기 그지없더라고요.

그래서 내가 만약 고문으로 가는 경우를 생각하고 어떤 이력이 들어가야 좋을까 고민해 봤고, 그런 것을 상상하면서 회사 생활을 할 수 있었습니다. 일 년, 이 년이 지나면 경력은 늘어가지만, 나를 대표하는 기술이나 나를 나타낼 만한 것들은 그리 풍부하게 늘지를 않더라고요. 과연 나도 나중에 이런 분들보다 더 멋진, 효과적인 이력서를 쓸 수 있을까? 그때부터 나의 중요한 성과 등을 기록하고 나만의 이력서를 쓰기 시작했어요.

이력서를 쓰다 보니 부족한 것이 보였고 특허 제출, 논문에 대한 도전, 성과에 대한 관리 등을 더욱더 절실하게 느낄 수 있었습니다. 그렇게 한 해 두 해 지나니 이력서가 점점 알차게 변해가고 있었으며, 나 또한 성장해 가는 경험을 할 수 있었습니다.

그래서 나는 후배들에게 이야기합니다. "회사를 옮기기 위한 이력서가 아니라 나 자신의 위치를 정확히 파악하고, 미래의 나의 모습을 그려보면서 나 자신의 역량을 꾸준히 향상시킬 수 있는 도구로 나만의 이력서를 작성하라."라고.

주기는 6개월에 한 번 정도가 적당하며 상반기 평가 및 연말 평가 정도를 정리하고, 주요 실적을 이력서에 업그레이드하는 것이 가장 좋지

·그릇은 채워야 넘치고 화로는 태워야 뜨거워진다·

않을까 합니다. 특히 한 해 두 해 동안의 자신의 성과는 머릿속에 남아 있게 되어 정리도 쉽고 누구나 이야기할 수 있지만 회사 생활이 10년이 넘어가면 부서도 옮기고 하는 일도 바뀌는 경우가 허다하기 때문에 그 이력을 기억하는 사람은 그리 많지 않게 됩니다. 물론 기업에서 그 이력을 관리해 주는 경우도 있지만, 큰 대기업을 제외하고는 그렇게 관리해 주는 시스템이 없는 경우가 현실이라고 보는 것이 맞을 것입니다. 그럴 때 나만의 이력서가 힘을 발휘합니다.

'자네는 10년간 무엇을 하였나?'라는 질문을 상사가 해 준다면, 아니면 술자리나 사석에서 오너가 물어봐 준다면, 고맙게 생각하며 평소 준비해준 성과들을 가볍게 설명 드립니다. 조선시대 우리 왕들의 업적을 낱낱이 기록한 실록은 우리나라 역사의 보고입니다. 그렇듯이 나의 이력을 적은 이력서 또한 나 자신을 위한 나만의 보고이고, 회사에서 중요 자리에 보임을 받는 데 쓰이든지, 회사를 이동할 때 강력한 자료로 힘을 발휘하게 됩니다.

이런 경험을 바탕으로 쓴 저의 일기이자 강연 내용을 공유해 드립니다. 고객 서비스 부서로 옮긴 지 일 년을 넘어 이 년 차로 가고 있네요. 일과가 끝나고 퇴근하기 전 나만의 이력서를 꺼내놓고 이력서를 업데이트합니다. 지난 1월에 업데이트한 후 6개월간 이력서에 쓸 만큼 성장한 것이 무엇인가 생각하고, 또 현 조직을 위해 이룬 성과는 무엇인가를 한참 고민하고 6개월의 결과를 한 줄로 적어 넣습니다.

이직을 준비하냐고요?

직장에 다니는 여러분께 말씀 드립니다. 우선은 자신의 이력서를 작성해 보라고요. 주기는 일 년에 두 번 정도면 되고요. 회사를 옮기기 위

76
·설렘있는 직장, 울림있는 리더·

해서가 아니라 나 자신이 얼마나 성장했는지를 알기 위해서 작성해 보라는 것입니다.

변화의 기본은 우선 자신의 위치를 잘 아는 것입니다. 자신의 위치가 어딘지 알고 부족한 것이 무엇인지를 알아야, 개선하고 성장시키고자 하는 마음이 생기기 때문이죠. 여러 가지 방법이 있지만 이력서를 정리하는 것만큼 가슴에 와 닿고 실질적인 것은 없었습니다.

변화의 두 번째는 목표가 있어야 한다는 것입니다. 자신의 위치를 알기 때문에 어디까지 가야 하는지, 조직이 어디까지 원하는지, 내가 가고픈 목표는 어디인지, 그것을 정하는 것이 바로 목표를 설정하는 것입니다.

그러면 변화는 자연스럽게 실천으로 옮겨집니다.

내 자신의 위치를 알고 목표가 있다면 그곳에 도착하는 방법은 여러분이 정할 수 있습니다. 빠르고 집중해서 갈 수도 있고, 천천히 다른 것과 병행하면서 갈 수도 있습니다. 기간의 차이가 있을 뿐, 도착지는 너무 명확하니까 걱정하지 않으셔도 무사히 도달할 수 있습니다.

예를 들어볼까요?

제가 강조하는 어학에 대해 말씀 드려 볼게요. 이력서를 쓰면 역량 부분에 외국어는 꼭 쓰게 되어있습니다. 그러면 우선 영어 말하기 레벨이 4라고 생각해 보세요. 만약 다른 직장을 찾는다면 과연 4레벨로 이력서를 제출할 수 있을까요? 당연히 많이 부족하다 느낄 것입니다. 좋은 곳에 가려면은 레벨 8까지가 목표일 수도

·그릇은 채워야 넘치고 화로는 태워야 뜨거워진다·

있고 평범한 곳에 가더라도 '6레벨은 되어야 하겠네'라고 목표가 자연스럽게 설정되겠지요.

그러면 어떻게 목표하는 것을 달성할까요?

일 년에 1레벨씩만 올리도록 목표를 설정하고 시험도 쳐보고 부족한 부분 공부도 하고 영화도 보고 영어 잡지도 보는 등 자신의 스타일에 따라 할 것입니다. 그리고 6개월이 지나면 다시 상황을 업데이트하기 위해 이력서를 다시 꺼내 듭니다. 조기 달성했을 수도 있고 아무런 변화도 없을 수 있습니다. 하지만 내가 6개월 전에 목표했던 것이 잘 되어가고 있는지, 게을렀는지 아는 것만으로 자신을 다시 리프레시하게 하고 다시 도전하게 만듭니다. 그러기 위해서 이력서를 쓰라고 조언 드리는 것입니다.

저는 이력서 쓰기를 대리 때부터 시작했고, 영어 시험을 15번 정도 본 것 같습니다. 일년에 두 번 정도씩 꾸준하게 말입니다. 성장해 가는 모습을 보면서 뿌듯하기도 하고 그로 인해 미국 MBA를 다녀올 기회도 얻었으니 말입니다.

회사 바깥의 목표가 아니어도 됩니다. 가능하면 지금 다니는 회사에서 강조하는 항목을 목표로 선정하시는 게 좋습니다. 어학과 같이 공통 항목이라면 금상첨화겠죠?

자신이 좋아하는 그 무엇이어도 좋습니다. 자신만의 전문성을 만들 수 있는 항목이라면 더할 수 없이 좋습니다.

자신이 가지고 있는 성과나 역량이 무엇인지 적어보는 것이 중요합니다. 그리고 원하는 목표가 있어야 합니다. 그리고 꾸준히 점검하고 확인해야 합니다. 이것을 저는 '이력서'를 쓰면서 실천할 수 있었습니다.

회사 **자리 이동**
행복일까, 불행일까?

연말이 되면 구성원들이 여기저기 이동을 한다고 전화나 메일이 많이 옵니다. 이동하는 처음에는 힘들겠지만 새로운 곳에서 힘든 2~3년을 다시 보내고 나면 부쩍 커져있는 모습이 되리라 확신합니다. 저도 이동한 지 1년이 되었는데 그런 기분이 들기 때문에 자신 있게 말씀 드리고 싶습니다.

"나무는 옮기면 죽지만, 사람은 이동하면서 큰다."

회사를 다니다 보면 본의 아니게, 또는 의도적으로 자리를 옮기게 되는 경우가 필연적으로 생기게 됩니다. 꼭 옮기지는 않더라도 옮길 기회가 여러 번 오기 마련입니다. 이때 각자의 반응이 다르게 나타납니다. 크게는 이동하는 경우와 남아있게 되는 경우가 있는데, 사람 성격과 취향에 따라 반응이 다르게 나타나게 됩니다.

·그릇은 채워야 넘치고 화로는 태워야 뜨거워진다·

첫째, 이동을 새로운 기회로 생각하는 경우

항상 준비되어 있는 유형입니다. 이런 유형의 경우, 새로운 것에 대한 두려움이 적고 적응력 또한 빠르기 때문에 모든 기회를 긍정적으로 생각합니다. 회사 생활을 오래하면 할수록 여러 분야를 경험할 기회가 주어지고 넓게 보는 데 장점을 가지고 있기 때문에 향후 리더로서 성장하기 좋은 경우라고 판단됩니다. 계획적으로 2~3년에 한 번씩 이동하는 경우라면 이상적이지만 리더의 요구 또는 조직의 요구로 갑자기 이동하는 경우에도 절대 당황하거나 불안해하지 않고 이번에 새로운 기회가 왔구나 하고 긍정적으로 상황을 맞아 들입니다.

둘째, 현 조직에서 계속 성장하고 싶은 경우

한 곳에서의 성장을 원하는 경우가 되겠습니다. 지금 익숙해져 있는 자신의 기술과 지식을 더욱 발전시키고 싶고 최고의 전문가가 되겠다는 마음이 있는 경우가 되겠습니다. 아니면 이미 오랜 경험이 있는 중고참의 경우라면 새로운 것에 대한 불안감으로 이동을 꺼리는 경우일 수도 있고요. 이런 유형의 경우 회사 생활을 지속하게 되면 리더의 자리보다는 전문가로서의 길을 가게 되는 경우가 맞는 것 같습니다. '현 분야에서 최고의 전문가'를 꿈꾸는 경우가 바람직해 보입니다.

셋째, 이동이 왜 나에게 오게 되었을까 불평하는 경우

무엇을 하든지 마음에 들지 않는 경우입니다. 많은 동료 가운데 왜 내가 이동해야 하지? 가고 싶은 곳을 물어보더라도 딱히 가고 싶은 곳이 있는 것도 아닌 경우가 많습니다. 이런 경우의 유형은 평소 면담 시 자신이 가고 싶은 곳 아니면 자신의 Career Path에 대해 이야기하거나

의논하지도 않습니다. 괜히 이야기했다가 불이익을 받지 않을까 걱정하는 스타일입니다. 그리고 막상 닥치게 되면 그 상황에 만족하지 않고 불평을 하는 경우입니다. 이런 유형의 경우를 보면, 대부분의 경우 지금 하고 있는 일도 불만이 있는 경우가 많고, 그에 비례해 일의 수준은 떨어지는 경우가 아주 많으며, 일을 잘하는 경우라도 자신의 능력만큼 성장하지 못하는 경우가 비일비재합니다. 현 상황이 불만인데 일이 재미있을 리 없기 때문입니다.

넷째, 가라면 가고, 있으라면 있는 경우

아무 표현도 없는 경우입니다. 긍정적으로 보면 주어진 상황에서 열심히 하겠다는 상황으로 해석할 수도 있고, 부정적으로 보면 의욕이 없는 경우입니다. 상사가 후배 사원의 의중을 모두 알아채고 그 상황을 이해해 주리가 생각하지 마십시오. 요즘 유행하는 광고에서 나오듯이 "말하지 않아도 알아요"가 아니라 "말하지 않으면 모릅니다"입니다. 좋은지 싫은지 표현해야 합니다. 왜 싫은지, 왜 좋은지 말입니다.

여러분은 어떤 유형이라고 생각하시나요?

이동 경험이 있으셨던 분은 곰곰이 생각해 보고, 이동 경험이 없으셨던 분은 만약에 내가 이동 대상이 되었다면 어떤 경우일까 하고 생각해 보는 시간을 잠시 가져보시기 바랍니다.

·그릇은 채워야 넘치고 화로는 태워야 뜨거워진다·

스트레스 주는 상사와
함께 살아가는 법!

학교 생활에서는 정말 재미있게 보낼 수 있었는데 왜? 회사에 들어오면 스트레스로 몸부림칠까?

그 이유를 옆에서 근무하는 모 팀장이 잘 설명해주고 있네요. 학교는 돈을 내고 다니지만, 회사는 돈을 받고 다니는 곳이라 그렇다는 것이네요. 돈을 내고 다니는 학교는 자신이 필요하면 빠지기도 하고 자신의 선택이 많이 작용하지만, 돈을 받고 다니는 회사는 회사가 필요한 곳에 배치하고 회사가 선택하는 일이 많아지기 때문이라는 설명이 고개를 끄덕이게 하는군요.

그럼 회사에서 스트레스를 받는 주된 코스는 어디일까요?

가만히 들여다보면, 가장 큰 원인은 상사가 아닐까 생각합니다. 나에게 회사를 대표해서 일을 시키는 사람이 상사이기 때문이 아닐까 합니다. 그다음으로는 자신과 비슷한 레벨의 동료가 두 번째이고요, 나머지는 후배 순서로 되겠네요.

회사 생활을 하다 보면 여러 명의 상사를 만나게 되는데 상사와의 궁합이 무엇보다 중요하다고 이야기합니다. 그 이유의 첫 번째는 상사와 궁합이 맞으면 스트레스를 덜 받는 타입의 상사와 일을 하게 되기 때문입니다. 똑같은 일을 하더라도 나와 스타일이 비슷한 사람과 일을 하는 경우, 내가 하는 방향대로 일을 처리하면 됩니다. 하지만 나와 반대 스타일의 사람, 특히 상사와 일을 하게 되면 몸에 맞지 않는 스타일로 업무를 계속해야 하기 때문에 스트레스가 쌓이게 되고 성과도 더 안 나게 되는 경우가 비일비재합니다.

저는 회사 생활 25년 동안 13분 정도의 직속 상사를 모셨습니다. 저에게 일을 가장 많이 가르쳐주고 스트레스를 주기도 하고 기운을 주기도 하셨던 분들입니다. H 이사님, P 공장장님, K 부장님, L 전무님, H 상무님, Y 상무님, H 사장님, L 사장님, Y 수석님, R 전무님, K 상무님 등 정말 다양한 분들을 모실 기회가 있었습니다. 성격이 정말 급하신 분도 계셨고, 아무 말씀도 안 하고 보기만 하시는 분도 계셨고, 소리가 먼저 나오시는 분도 계셨고, 차근차근 일을 설명해주고 지시를 하시는 분도 계시고, 몸을 정말 피곤하게 하시는 분도 계셨습니다.

그중에서 스트레스를 가장 많이 준 상사가 누구였는지 되돌아 보면?

두루뭉술하게 업무를 지시하는 상사?

기술적으로 챌린지를 하시는 상사?

무대포식 업무 지시를 하는 상사?

하나하나 꼼꼼한 스타일의 상사?

무조건 지시만 내리는 상사?

아주 스마트한 상사?

·그릇은 채워야 넘치고 화로는 태워야 뜨거워진다·

결론적으로 저의 경우는 제가 가지지 않은 성향을 자꾸 요구하는 상사가 가장 스트레스를 주는 경우가 많이 발생하더라고요. 이상하게 그 상사가 지시하는 것은 내가 생각하는 방향과 잘 맞지 않고, 내가 앞에서부터 논리 정연하게 설명하려고 하면 그 상사는 결론부터 요구하고, 결론부터 이야기하려고 하면 앞에 설명도 없이 바로 들어가면 어떻게 하냐고 하고, 남들은 얼렁뚱땅 처리해도 잘 받아넘기시던 분이 내가 처리하는 일은 뭐가 아니꼬운지 계속 딴죽을 겁니다. 이렇게 한두 달 지나다 보니 적극적으로 달려들던 내가, 어느새 회사에서 업무를 하기를 겁내고 시키는 일만 하는 사람으로 바뀌어 있더라고요.

　그 반대인 경우도 경험을 했습니다. 제가 하는 일마다 칭찬을 듣는 경우였습니다. 제가 하는 일마다 공개적 칭찬이 들어오고, 일을 새롭게 시도하면 저의 도전 정신을 칭찬하시고, 꼼꼼히 일을 처리하면 저의 완벽함을 칭찬하시고, 일이 약간 부족하면 적절한 코치를 해주시고, 일을 끝내고 나면 내 자신이 성장해 있는 것을 몸으로 느꼈습니다. 회사 생활 하루하루가 내가 성장한다는 느낌으로 충만한 그런 날들이었습니다.

　그럼 스트레스를 주는 상사와 만났을 때 어떻게 해야 하는가?

　제가 경험한 것을 바탕으로 3가지 해법을 전해 드리겠습니다.

　누구나 처음에는 서로 탐색전을 벌이게 됩니다. 일을 주고받고 보고하면서 상사나 구성원들이 어떤 스타일인지 서로 알아가는 기간이 보통은 삼 개월 정도 걸립니다. 이 삼 개월이 중요합니다. 우선은 자신과 스타일이 맞는 경우는 일을 해 나가면서 자신이 느낄 수 있을 것입니다. 물론 자신과 맞지 않는 경우도 이 기간에 알게 되는 경우가 많게 되고요. 아무튼 3개월 간의 첫인상이 그 상사와 생활하는 평생을 가게 된다는 점을 명심하시고 첫인상, 첫 업무, 첫 관계에 집중해서 생활을 하면 도움이 될 수 있을 것입니다.

아무튼 정말 나와 안 맞는 스타일의 상사와 만났을 때는 이런 방법이 있더라고요.

첫째, 개기지 말고 버텨라

일단 여러 가지 방법으로 상사와 맞추려고 했으나 맞지 않는다는 판단이 섰을 경우의 이야기입니다. 몇몇 사람은 자신이 오래 있었던 조직에서 상사가 온 지 얼마 안 돼서 자기와 맞지 않는다고 훌쩍 다른 부서로 가 버리는 경우가 있더라고요. 전 이 경우는 반대입니다. 자신이 성장하기 위해서 옮겨야지, 상사와 맞지 않는다고 움직이면 지금보다 더 안 좋은 곳에서 시작하게 되는 경우가 대부분이더라고요. 일단은 업무는 버티고 해 보라는 것입니다. 물론 자신의 스타일과 잘 맞지 않겠지만, 그래도 어느 정도는 맞추려고 노력해야 한다는 것입니다. 제가 이렇게 버티라고 한 결정적인 이유는 통계적인 결과입니다. 제가 23년간 12명 정도의 직속상관을 모셨으니 평균 2년 정도면 직속상관이 바뀐다는 사실입니다. 내가 업무를 바꾼 수명보다 상사가 바뀌는 수명이 짧으니 내가 버티면 곧 상사가 바뀔 수 있기 때문입니다.

조금 소극적이기는 하지만 이 방법도 많은 분들이 사용하고 계시더라고요?

김 수석님, 그렇죠?

둘째, 피할 수 없으면 기회로 삼아라

두 번째는 좀 더 적극적인 사람입니다. 우선은 누구나 상사가 오게 되면 자신의 스타일대로 업무를 정리해서 보고합니다. 이때 상사로부터

·그릇은 채워야 넘치고 화로는 태워야 뜨거워진다·

여러 가지 피드백을 받게 되고 이런 경우를 여러 번 겪으면서 '아~ 이 상사는 나와 정말 맞지 않는구나.' 하고 힘들어하고 스트레스를 받게 됩니다. 첫 번째 타입처럼 버틸 수도 있지만 버티는 시간이 너무 힘들기 때문에, 두 번째 유형은 좀 더 많이 부딪치려고 한다는 점이 다른 점입니다.

내가 무엇이 틀렸길래 자꾸 부정적 피드백이 올까?

무엇이 부족해서 자꾸 욕을 먹을까?

의도적으로 나한테만 그런 걸까?

칭찬을 받는 동료는 나와 뭐가 다르지?

이런 생각을 하고 불편하지만 약간씩 나의 리더십 스타일, 서포터십 스타일을 바꿔가면서 상사와 부딪쳐보는 것입니다. 처음에는 서로 날카롭게 부딪치지만 서로 많은 시간을 가지면 가질수록 그 날카로움이 무뎌지고, 나중에는 잘한다는 칭찬까지는 가지 못하더라도 내 자신이 성장해 가는 것을 느낄 수 있는 경우입니다. 정말 힘든 시간이지만 내 자신이 크기 위한 성장 통으로 이해하고 생활하는 시기가 되겠네요.

셋째, 절이 싫은 중은 어떻게 해야 하죠?

권하고 싶지는 않지만 이런 경우도 있더라고요.

첫 번째처럼 개기지 않고 버티고 있는데 3연타석 나하고 맞지 않는 상사와 만나게 될 때, 이때는 정말 버틸 수 없기 때문에 다른 곳으로 자발적 이동을 해야 하는 시기입니다. 물론 다른 데로 옮기기 전에 다시 한 번 생각해 봐야 할 것은 있습니다. 나하고 일하는 상사 3명이 정말 객관적으로 이상한 사람인가? 아니면 내가 정말 상사에게 못 맞춰주는 사람인가 하는 것입니다.

두 번째처럼 스트레스 받는 상사와 함께하기는 정말 죽어도 싫을 때는 어쩔 수 없습니다. 자신이 먼저 나서서 다른 곳으로 옮겨가는 수밖에 없습니다. 수소문해서 정말 자신과 맞는 좋은 상사를 찾아 옮겨가면 됩니다. 이것도 저것도 아니라면, 나는 회사 생활 적성이 아니니 밖으로 나가 나의 꿈을 펼쳐보리라 하고 회사를 떠나는 경우가 되겠네요. 각자의 의사 결정이니 뭐라 할 수 없지만 대부분은 첫 번째, 두 번째 정도로 해결이 되더라고요.

아무튼 회사 생활을 하면서 스트레스를 받지 않고 살 수는 없습니다. 그것은 오늘날 중국산 식품을 먹지 않고 살아가려고 노력하는 것과 같지 않을까 합니다. 아니면 합성식품을 먹지 않는 식생활에 도전하는 것과 같지 않을까 합니다.

스트레스. 몸에서 떨어뜨리려고만 하지 말고, 내 몸으로 흡수하려고 생각을 바꿔보세요. 내 몸에 안 맞는 이물질이라 생각하니 내 몸에 들어오면 거부반응이 먼저 오는 것입니다. 내 입에 쓰지만 보약으로 생각하고 맞이하게 되면 내 신체도 적극적으로 스트레스를 흡수하려고 하게 되고, 적은 부분이지만 내 몸을 이루는 소중한 구성 성분으로 바뀔 수 있지 않을까 생각합니다.

우리는 돈을 받고 회사를 다니는 프로페셔널입니다. 돈을 받는다는 것은 앞에 새겨져 있는 돈의 가치와 함께 뒷면에 붙어있는 스트레스도 함께 받는다는 의미입니다. 피할 수 없는 프로페셔널의 운명으로 여기고 스트레스를 성장제로 받아들여 보시기 바랍니다.

직장을
그만두고 싶을 때

　　　　　　　예전에 서울의 멋진 건물에 있는 선배를 만났습
니다. 선배와 함께 그 건물 33층에 올라가 커피를 마실 기회가 있었습
니다. 커다란 창문 너머로 강변을 바라보니 멋진 정경에 잠시 시름을
잊을 수 있었습니다. 공짜로 제공되는 카푸치노도 너무 맛있었고요.

　이 빌딩에서 근무하는 선배님에게 스마트한 분위기를 느꼈다고 하자,
선배님은 처음에 마치 닭장 같은 분위기를 느꼈다고 하더군요. 지금도
일부는 그렇고요. 그렇게 생각하고 보니 그럴 수도 있겠구나 하는 마음
이 들었고, 일부 사람들은 고통을 느낄 수도 있겠다는 마음이 들었습
니다.

　어떻게 바라보느냐에 따라 세상은 참 다르게 보이는구나 하는 것을
다시 한 번 느끼는 계기가 되었습니다. 고통과 행복은 동일한 것이고
단지 그것을 보는 사람의 시각에 달려있다는 것 이지요. 하지만 실제에
서도 그럴까요? 제 이야기를 들려 드리겠습니다.

첫 번째, 입사 후 10개월 시점에 있었던 정말 괴로웠던 기억입니다

처음 일을 배우는 시기라서 혼란스럽지만 정말 집중해서 내가 하고 있는 일을 배워나가고 있었습니다. 한데 그때의 리더가 갑자기 몇 개월 배우던 일을 그만두고 다른 일을 하라는 것이었습니다. 다른 신입이 들어왔는데 그 친구 전공이 내가 하던 일에 오히려 적당하니, 저더러 다른 일을 하라는 것이었습니다. 정말 말도 안 되는 시추에이션이었습니다. 고통이었습니다. 첫 번째 맞는 회사 생활의 고통……. 당장 다음 날 사표를 냈습니다. 리더에게 이런저런 사연으로 회사를 그만두겠다고 했습니다. 내 회사 생활에서 가장 고통스러웠던 순간이었습니다.

두 번째, 대리 진급에서 떨어졌을 때가 또 다른 고통이었습니다

부서에서 대리 진급 대상이 두 명이었습니다. 모든 사람들이 활발한 스타일의 나에게 먼저 진급할 수 있다고 말해주었고 저도 은근히 대리 진급을 할 수 있다고 생각했습니다. 특히 전날 리더께서 술까지 따라주며 은근한 미소를 보여주기도 했었기 때문에 기대는 더욱더 올라갔었습니다. 하지만 발표에서 보기 좋게 떨어졌습니다. 와~ 정말 고통의 순간이었습니다. 회사에 출근하는데 부서 모든 사람들이 나를 불쌍하게 보는 느낌이 들었습니다. 함께 경쟁했던 친구가 너무 미워 보이기까지도 했었습니다. 한두 달 정도 고통의 시간을 보냈습니다. 이 당시도 회사 생활에서 가장 고통스러웠던 순간을 겪고 있다고 생각하였던 기억이 나네요. 다른 맘까지 먹을 수도 있었지만 역시 견뎌냈고, 다음 해 우선순위로 대리 진급을 했고 더불어 다른 혜택도 받았습니다.

·그릇은 채워야 넘치고 화로는 태워야 뜨거워진다·

세 번째, 리더에서 담당자까지 추락하는 순간, 너무나 힘들었습니다

조직의 초창기 멤버로 선임 때부터 리더 생활을 하던 저였습니다. 2005년경이었습니다. 저를 너무도 싫어하는 동기가 집중적으로 나를 깎아내리기 시작했습니다. 새로 오신 보스의 힘을 몰아 받는 그는 제게 노골적으로 압력을 가해오기 시작했습니다. 나쁜 소식은 빨리 보스에게 전하고, 좋은 소식은 알리지 않고, 어려운 과제를 넘기고, 목표를 달성하지 못하게 하는 등……. 그렇게 일 년이 지나니 성과는 없고, 나쁜 일만 보고하는 리더, 안 된다는 부정적인 리더로 찍히게 되더라고요. 결국 팀 인원을 모두 다른 데로 보내고 다른 부서로 혼자 가서 담당자까지 추락하게 되었습니다. 아무도 없는 혼자만의 시간을 일 년 정도 보냈습니다. 정말 고통의 시간이었습니다. 고민도 많이 했었습니다. 진짜 퇴사까지 심각하게 고민하던 시기였습니다.

지금 생각해 보면 세 가지 경우 모두 심각한 고민과 고통을 동반하고 나를 찾아왔습니다. 그때 느끼는 고통은 회사 생활 중에 가장 어려운 상황까지 나를 몰고 갔으며, 조금만 삐끗했어도 지금 나는 이 자리에 없었을 것입니다. 되돌아 보면, 신입사원 시절의 전공을 바꾸는 경우는 너무나 자주 있을 수 있는 경우이며, 오히려 리더로서 커가기 위해서는 다양한 일을 경험하는 것이 오히려 도움이 된다는 것을 지금은 느낍니다. 하지만 그때는 몰랐기 때문에 고통으로 느끼지 않았나 합니다. 어렵게 고통을 넘었습니다. 대리 진급에서 떨어진 것도, 회사의 자리는 정해져 있고 그로 인해 한 해 또는 두 해 늦게 갈 수도 있는 것이라는 것을 역시 지금은 말할 수 있지만 그때는 그것이 마치 세상의 고민을 다 짊어진 상태로 받았었습니다. 하지만 이 역경 또한 잘 넘을 수 있었고 저에게 자양분을 남겨 주었습니다.

리더에서 담당자까지, 회사 생활을 하다 보면 일찍 리더가 될 수도 있고, 조직의 변화에 따라 담당자가 될 수도 있습니다. 이때는 정말 역경보다 더 어려운 단어로 회사 생활을 표현하고 싶지만 개인적으로는 이때가 오히려 더 성장한 시기가 아니었나 합니다. 개인 역량을 키울 시간 확보, 주변 네트워크 강화, 나의 미래에 대한 준비, 가정 생활 돈독히 하기까지 여러 가지 얻은 것들이 더욱 많았고, 이때부터 Work&Life balance를 더욱 신경을 쓰는 습관도 생기게 되었습니다. 이때의 경험은 제가 어떤 어려움이 닥치더라도 자신감 있게 맞닥뜨릴 수 있는 강한 내성을 만들어 주었습니다.

그때 그때가 모두 고통의 순간이었지만, 지금 생각해 보면 그런 어려움이나 역경이 나를 성장시킨 소중한 경험이었고 지금의 리더로서 업무를 수행해 나갈 수 있는 모든 자양분이 그때 만들어진 것이라고 생각합니다.

행복은 운명이 아니라 선택이라고 합니다.
고통도 운명이 아니라 선택이라고 생각합니다.
피하지 말고 바로 선택하고 클릭하세요.

·그릇은 채워야 넘치고 화로는 태워야 뜨거워진다·

불행,
어려움 카드를 뒤집는 비법!

외국에서 보낸 일주일간의 시간은 한국에서의 일주일과 다를까, 같을까? 시간은 동일한 일주일인데, 외국에서의 일주일은 마치 이 주 또는 한 달을 다녀온 듯 길게 느껴졌습니다.

왜? 다르게 느낄까?

매일 반복되는 일상과 다르게, 다른 사람들과 다른 장소에서 일을 진행하고 다른 음식과 다른 주류로 시간을 만들었기 때문이 아닌가 합니다.

새로운 한 주를 시작하는 글로, 어려움을 극복하고 새롭게 에세이를 낸 '김미경, 살아있는 뜨거움'에서 골라 봤습니다.

인생에서 내게 오는 모든 것들은 양면의 카드다.
좋은 것과 나쁜 것이 하나고, 행운과 불행이 하나의 사건에 공존한다.

(중략)
불행의 카드 뒤에는 고통의 크기만큼 행운과 축복이 숨겨져 있고,
마찬가지로 행운의 카드 뒷면에는 그 만큼의 불행과 위기가 도사리고
있게 마련이다.(p33)

회사 생활을 해 나가면서 이 말의 깊은 뜻을 이해하기까지 정말 오랜
시간이 걸렸습니다.

물론 다 이해했다고 할 수는 없지만 나름 많은 체험을 통해 일부는
습득했다고 말씀 드릴 수 있습니다. 특히 가슴에 와 닿는 부분은 카드
양면에 불행과 행운이 함께 있다는 것이고 그렇다면 불행과 행운의 크
기와 무게는 항상 같다는 부분입니다.

지금 너무 행복하다면 그 뒤에는 항상 같은 크기의 불행이 도사리고
있다는 것이고, 지금 너무 힘들고 불행하다면 그 뒤에는 같은 크기와
무게의 행복과 기회가 도사리고 있다는 것입니다.

처음 입사했을 때 지방으로 발령받았습니다. 영업으로 가서 세계를
주름잡고 싶었는데, 영어 점수가 모자라서 구미로 가게 되었습니다. 그
당시 불행으로 생각할 수 있었지만, 지방으로 가서 영어 공부를 게을리
하지 않았고, 그로 인해 해외 MBA까지 가게 되는 행운을 거머쥐게 되
었습니다. 그리고 지금은 다시 해외지역 서비스까지 응대하는 위치해
있으니 결국 세계를 주름잡을 수 있는 또 다른 기회를 잡은 게 아닌가
합니다.

팀장의 역할을 하다가 우리 팀이 없어지면서 다른 팀의 팀원으로 간
적이 있습니다.

·그릇은 채워야 넘치고 화로는 태워야 뜨거워진다·

회사를 그만둘까 말까, 밖에 나가서 무엇을 할까, 새로운 업무를 배워야 하나 말아야 하나 등…… 많은 고민이 있었습니다. 지금 돌아보니, 그 기간이 나를 돌아볼 수 있는 소중한 시간이었고, 나의 경쟁력이 무엇인지 알아보는 중요한 시기였으며, 회사 내에서 나를 진정으로 원하는 친구가 누구인지 적이 누구인지도 알게 해 준 시간이었습니다. 그리하여 그때 배운 지식과 그때 카운터 파트너로 일하면서 알게 된 사람들이 지금 소중한 지식과 네트워크로 되어 있습니다.

리더에게 실천력이 없다고 꾸중 듣고, 안 되는 이유만 말한다고 혼난 적이 있습니다. 밤을 새우고 집에 잠시 들어가 씻는 중이었는데, 리더로부터 집에서 잔다고 찍힌 적도 있습니다. 라인에서 나오는 물건을 100번까지 보고 사무실에 앉아있는데, 110번쯤에 보스가 오셔서 물건을 왜 직접 확인하지 않느냐며 나무람을 들은 적이 있습니다. 진짜 뒤로 넘어져도 코가 깨졌고, 일 년이 십 년보다도 더 길게 느껴졌습니다. 그런 시간을 견뎌냈더니 나도 모르게 실천력이 생기고, 안 되는 이유보다 될 수 있는 방향을 잡을 수 있게 되었고, 후배 사원의 힘듦을 헤아릴 수 있는 배려 있는 리더로 성장할 수 있었습니다.(제 생각입니다.ㅋㅋ)

지금 하시는 일이 힘들다면 그 크기를 재어보세요. 지금 모시는 리더가 힘들게 한다면 그 어려움이 어느 정도인지 무게를 재어 보세요. 그 크기가 크세요? 그러면 뒷면에 있는 행운의 크기가 크다는 뜻이네요. 그 무게가 무겁게 느껴지세요? 그러면 뒷면의 기회가 아주 좋다는 것을 아셨으면 좋겠네요.

단지 기억할 것이 있습니다. 그 뒷면을 보기 위해서는 '인내'라는 바람이 있어야 카드를 뒤집을 수 있다는 것입니다. 그 뒷면인 행복을 유지하기 위해서는 모든 일에 '감사'하는 무게를 늘려야 다시 바람이 불어도 뒤집히지 않을 수 있다는 것입니다. '인내'와 '감사'만 있다면 어떤 불행의 카드가 오더라도 걱정할 필요가 없습니다.

·그릇은 채워야 넘치고 화로는 태워야 뜨거워진다·

리더와 **구성원**의 시선은
어떻게 다를까?

저도 리더이지만, 리더라는 자리는 하고 싶다고 할 수 있는 자리가 아니며 조직의 요청, 개인의 능력, 상사와의 관계 등 여러 가지 상황이 맞아야 할 수 있는 자리입니다. 이 중에서 조직의 요청은 상황적으로 만들어지기 때문에 내가 할 수 있는 것이 아닙니다. 하지만 개인의 능력이나, 상사와의 관계는 전적으로 나에게 달려있다고 봅니다.

리더가 되기 위한 조건이 무엇인지를 알고 그것을 차분히 준비하고 있어야 합니다. 지금의 내 상사뿐만 아니라 주변의 상사와도 좋은 관계를 가져야 합니다. 물론 억지로 관계를 만들어서 좋은 관계를 유지하라는 것이 아니라, 일이든 술자리든 만남이 있을 때 최선을 다해 대하라는 이야기입니다.

'나는 리더가 필요 없다'라고 생각하시는 분도 가끔은 뵐 수 있었습니다. 그런 분들도 리더의 역량이나 상사와의 관계는 배워둘 필요가 있습니다. 리더의 시선을 배워둘 필요가 있습니다. 리더의 시선을 이해해야 리더가 되지 않을 수 있습니다. 리더를 이해해야 리더가 되지 않을 수 있고, 리더가 될 수 있는 것입니다.

'리더의 시선'에 관련된 이야기를 한 가지 들려 드리겠습니다.

약간의 조직 변경으로 인해 갑자기 파트장을 맡게 된 차장 후배의 이야기입니다. 파트장이라는 직책은 작게는 대여섯 명, 많게는 열 명 이상으로도 구성되어 있습니다. 파트장을 맡은 첫 주 그가 느끼는 부담감은 엄청 크게 느끼는 것 같았습니다. 얼굴이 초췌해지고, 입술이 터지고, 근심이 가득한 얼굴을 하고 일을 하고 있었습니다. 그러면서 매일

진행되던 스탠드 미팅조차도 구성원일 때는 아주 부담 없이 시작할 수 있었는데, 자신이 리딩을 해야 하는 리더 자리에서 실시를 해보니 너무 어렵다는 이야기를 하더군요. 또한 어떻게 일을 배분하고 일을 이끌어갈지 막막하다는 푸념도 들을 수 있었습니다.

아침에 실시하는 스탠드 미팅을 매일 똑같은 형식으로 진행하고 있지만, 구성원들은 여러 가지 경우 중에서 자신과 관련된 이야기만 하면 되기 때문에, 10분 정도로 이뤄지는 미팅에서 자신의 시간은 1~2분도 안 되는 경우가 대부분이라, 그 시간을 어떻게 채울까 고민하면 그만입니다. 하지만 리더가 된 순간, 10분 전체를 봐야 하고 한시도 긴장을 늦출 수 없다는 것이었습니다. 같은 10분간의 시간이지만 구성원들은 1~2분간 시간과 자신의 분야 쪽 시선만 유지하면 되지만 리더는 10분 내내 구성원들의 시선을 따라가고 그것을 조직의 시선에 맞추려고 노력

·그릇은 채워야 넘치고 화로는 태워야 뜨거워진다·

해야 합니다.

이것이 바로 '구성원의 시선'과 '리더의 시선'이 다를 수밖에 없는 이유이고, 이런 과정을 거쳐서 좋은 리더로 성장하는 것이 아닐까 합니다.

이와 같이 리더라는 자리는 불시에 찾아오게 됩니다. 그에 걸맞은 실력을 가지고 있다면 당황하지 않겠지만, 그렇지 않은 경우에는 많이 당황할 수도 있습니다. 하지만 상사가 그 자리에 그 사람을 앉히는 이유는 그 자리를 감당할 만한 능력이 되기 때문입니다. 지금 약간은 부족하더라도 충분히 성장해서 바로 채울 수 있다고 판단하기 때문입니다. 그러한 판단은 평소 일하면서 일을 풀어가는 역량을 보면서 알 수 있고, 다른 팀장들과의 이야기 속에서 그에 대한 평판을 알 수 있으며, 리더의 시선으로 그를 보면 보이기 때문입니다.

리더라는 자리 힘든 자리입니다. 하지만 직장 생활을 하면서는 꼭 겪어봐야 하는 자리입니다. 구성원의 시선을 넘어서 리더의 시선을 따라가 보지 않으시겠습니까?

별을 빛나게 하는 건
캄캄한 밤하늘이다

　　요즘은 하루하루가 KTX 열차가 달려가듯이 순식간에 쌔~에~엥 지나가 버리는 것 같습니다. 아침 일찍 출근해서부터 무엇이 이리 바쁜지, 정신 없이 닥쳐오는 회의와 업무 리뷰 등을 쳐내기 바쁜 것 같습니다. 예전에는 회사에 있는 그 많은 사람들이 무슨 일을 할까 궁금했는데, 각각 바쁘지 않은 사람이 없고 일은 해도 해도 끝이 없습니다. 이것을 일이 없다고 생각했던 과거의 나에게 설명해 주고 싶은 마음입니다.

　하루는 구미에서 자재 관련 일을 하시는 현장 다섯 분이 방문하셨습니다. 한 달에 한 번 평택에 오셔서 업무 관련 일들을 정리하고 사람들과 만나서 소통하는 그런 자리입니다. 서비스용 대형 기구물 관리, 소형 기구물 관리, 피시비 관리, 모듈 관리 등 중요 자재 등을 관리하고 있는 분들이었습니다. 그분들과 이야기하면서 느낀 것은 실제적인 지식과 혁신적인 개선 아이디어의 출발은 역시 현장에서 시작되고 결과도 현장에서 구현되고 있다는 사실이었습니다. 현장에서 시작해서 현장에

·그릇은 채워야 넘치고 화로는 태워야 뜨거워진다·

서 결과를 보이는 것이라 생각해도 무방하겠습니다.

별을 더욱 빛나게 하는 검은 하늘
누군가의 배경이 되어 주는 일
검은 하늘이 없었다면
별은 빛을 바라지 못했다는 사실을 잊지 마세요.
당신이 빛을 발하고 있다면
별을 빛날 수 있게 배경이 되어 준
검은 하늘의 소중함을 기억하세요.
당신 스스로 빛을 발한 것은 아니니까요.
-신준모, 어떤 하루 p.58-

사무실에서 높은 성과를 낸다면, 즉 빛을 낸다면, 현장인 검은 하늘이 있다는 것을 기억해야 할 것입니다. 현장에서의 아이디어와 현장에서의 도움, 그리고 현장에서의 실현과 현장에서의 결과가 있다는 것을 잊지 말아야 합니다. 별 하나가 빛나 보이게 하기 위해 주변에 검은 하늘이 넓게 펼쳐져 있다는 사실을 인지해야 합니다.

개선과 관련 사용되는 용어로 3현 주의가 있죠?

·설렘있는 직장, 울림있는 리더·

현장, 현물, 현실. 그러나 요즘은 여기에 한 가지를 더 첨가하여 4현을 말하고 있습니다. 현장에서 현물을 보고 현실을 잘 파악하는 것이 개선의 기본이고, 거기에 추가되는 것이 바로 현인입니다. 현장에서 오랫동안 근무하고 문제를 봐온 현장분들을 말하는 것으로 바로 검은 하늘이라고 생각합니다.

팀에서도 마찬가지입니다. 리더가 빛을 발하는 것은 리더를 묵묵히 받쳐주는 검은 하늘인 구성원들이 있기 때문입니다. 특히 자신을 전혀 드러내지 않고 자신의 역할을 완전히 수행하는 아주 진한 흑색의 배경이 있기 때문입니다.

작은 조직에서는 자신이 빛나는 별이 되지만, 큰 조직에서 보면 자신도 검은 하늘이 되어야만 합니다. 자신이 모시는 상사를 가장 빛나게 하기 위하여 자신의 모습을 숨기고 있어야 합니다. 임원들 간의 회의에서 우리가 모시는 임원이 자신 있고 멋지고 능력 있고 빛나 보이게 하기 위해서 치밀하고 과감한 계획으로 서포터하고, 꼼꼼하고 재빠른 실천력으로 결과를 제공해 드리며, 끈기와 근성을 가지고 목표로 한 성과 이상을 내는 것이 바로 칠흑 같은 검은 하늘이 되는 비결입니다.

회의에서 상사가 말하려고 해도 재빠르게 자신이 낚아채는 그런 사람이 있습니다.

자신이 맡은 분야에서 자신이 최고라며 빛나 보이려고 하는 사람이 있습니다. 그것은 자신의 별빛을 강하게 발현하여 세상에 나타내 보이려고 하는 것은 맞으나, 그로 인해 자신이 모시고 있는 상사의 별빛은 가린다는 것을 모르는 1차원적인 생각 때문이고, 자신만이 빛나 보여야 한다는 좁은 시야 때문입니다.

자신과 동등한 리더들이 있는 자리에서는 자신의 빛을 강하게 발산

·그릇은 채워야 넘치고 화로는 태워야 뜨거워진다·

해야 합니다.

하지만 상사가 함께 참석한 자리에서는 특히 차차 상위자 또는 사업부 총책임자와 함께하는 회의에서는 자신이 빛나 보이기 위해 가진 모든 빛들을 충실하게 상사에게 양보해야 합니다. 별빛이 부실한 상사라 해도 사전에 많은 정보와 지식을 불어넣어 주어야 합니다. 자신이 모시는 상사가 공개적인 자리에서 빛을 내는 모습을 볼 수 있도록 준비해 드려야 합니다.

자신의 보스가 공개석상에서 전혀 빛을 내지 못한다면?

무능한 보스를 만나서 나는 참 재수가 없다고 한탄하지 말고, 보스의 빛을 강하게 만들어 주지 못한 자신을 탓해야 하는 것입니다.

우리 보스의 별빛을 하나하나 보강해주고 전력을 다해서 그분의 별빛을 닦아 주세요.

자신을 열심히 닦아서 빛을 내는 것보다 더욱더 열심히 상사의 별빛을 닦아 주십시오. 그래서 자신이 모시는 분이 진짜 회사의 별이 되었을 때 자신도 함께 빛날 수 있는 것입니다.

우리가 모시는 상사가 별이 된다는 것은 '태양'이 된다는 것을 의미하고, 태양이 있어야 주변에 수성, 금성, 지구, 화성, 목성, 토성, 천왕성, 해왕성, 명왕성 등이 있는 것입니다. 태양이 빛나야 수성부터 명왕성까지가 빛을 발하는 것입니다.

명심하시기 바랍니다.

검은 하늘 없는 별은 빛을 발할 수 없고,
내가 너무 빛나면 나의 보스가 빛을 잃는다.

직장에선
편견이 오히려 장점?

플러스라는 기호를 아시나요? 표기는 '+'라고 표현합니다. 기본적으로 수학을 하는 사람은 덧셈 기호라고 말하지만, 목사님은 플러스 기호를 보면 십자가가 떠오를 것이고, 어떤 사람은 병원을 뜻하는 기호라고 말하기도 하고, 다른 사람은 스위스 만능 칼 회사 기호라고 말하기도 합니다. 이렇게 기호라는 것은 글을 몰라도 누구라도 알 수 있는 장점이 있습니다. 하지만 하나의 모양을 가지고도 창의적으로 해석할 수 있는 반면, 같은 그림을 모두가 다르게 생각해버린다는 장점이자 단점도 있습니다. 그리고 재미도 있고요.

'+'를 이렇게 다양하게 읽는 것은 자신의 직업적 편견에 따라 나타나는 현상인데, 회사에서도 부서나 팀의 특성에 따라 편견을 가질 수 있다고 생각됩니다.

25년간의 회사 생활은 제조에서 1년, 연구소 17년을 넘어서 품질 보증 부서에서 7년째 일하고 있습니다. 연구소에서 모델 개발을 할 때는

·그릇은 채워야 넘치고 화로는 태워야 뜨거워진다·

제가 설계한 모델을 가지고 각각의 이벤트를 하나하나 통과하는 것이 주된 일이었습니다. 개발 프로세스를 만들어 가면서 모델 개발을 하다 보니 품질 부분에 있어서는 많이 부족했습니다. 그래서 그런지 이벤트를 넘어 가는 것이 하늘의 별 따기처럼 너~무~ 힘들었고, 품질 부서에서 검사하며 Event NG를 놓는 QA 사람들이 너~무~ 미웠었습니다. 매번 단번에 이벤트를 통과한 적이 없었다고 해도 좋을 것 같습니다.

어떻게 사람들이 저렇게 고지식할 수가 있을까?

함께 프로세스를 개발하고 표준을 만들어 가면서 고생하면서도 왜 원리 원칙만 따질까? 문제가 생길 수도 있는데 왜 그것을 인정하지 않을까? 다음 이벤트에서 확인하면 되는데……

연구개발 인원들은 어제 밤새고 오늘도 밤새야 하는데, QA 인원들은 NG놓고 퇴근하면서 내일 해결책 완성해서 다시 보자고까지 하니 그런 그들이 너무 미웠습니다. 시간이 없다 보니 또 검토를 제대로 못하고 문제점 하나만 개선하고 또 의뢰하게 되는데……..

 그 당시 QA 부서 인원들을, 현재의 수준을 이해하지 못하고 기준만을 내세우는 사람들로 생각했습니다. 가능하면 문제를 숨기고 품질 보증 부서 눈만 피하려고, 이번만 벗어나려고 했던 것 같습니다. 물리적인 시간도 부족해서 다 할 엄두도 못 냈지만 말입니다.

 그러다가 19년 차에 제가 품질 부서 팀장으로 옮겨오게 되었습니다. 그 답답하고 원리 원칙만 부르짖고 기준만 찾던 그 부서를 맡아서 오게 된 것입니다. 이게 무슨 변고인가 하고 혼자 생각 했습니다. 그런데 생활하면서 그 고지식한 품질부서 사람들이 왜 그런지 알 수가 있었습니다. 그동안 제가 연구소에서 가지고 있던 생각들이 연구소에 치중된 편견이라는 것을 알 수 있었습니다. 품질 부서에는 품질 부서 나름대로 해야 할 미션이 있고 연구원들이 모르는 고충이 있었습니다.

 품질 부서에서 연구소 개발자들을 보니, 제품을 설계하고 개발하는 연구소가 가장 중요한 기술을 가지고 있기 때문에 연구소에서 개발 품

·그릇은 채워야 넘치고 화로는 태워야 뜨거워진다·

질을 책임지고 조기에 해결해 주어야만 그 제품이 안정적으로 고객에게 갈 수 있습니다. 품질 부서에서 보기에 연구소에서 이벤트에 의뢰하는 제품은 완성품이라기보다는 검토 품인 경우가 더 많았고, 목적에 맞게 구분해서 의뢰하고, 일정을 얼마 남기지 않고 밀어 넣기식 이벤트 진행이 다반사였습니다. 조금만 더 검토하고 시료를 넣어주면 동일한 실험을 반복하지 않아도 되는데, 고온에서 한 번만 검토했다면 저번에 나왔던 문제점이 다음에도 그대로 나오는 경우는 막을 수 있을 텐데, 현장 검토자들의 불만을 잠재우면서 실험을 하다 보면 정말 짜증 나서 돌아버릴 지경까지 가기도 합니다. 15일간의 시험 중에서 시료를 다시 바꾸는 일도 다반사고, 그러면서도 일정을 맞춰야 하는 품질 부서 인원들의 답답함을 알고 있는지 모르겠습니다. 심지어는 문제가 있는 것을 알고도 찾으려면 찾아봐라 하는 마음으로 시료를 맡기는 것 같기도 했고, 일단 품질 부서의 눈만 벗어나고 이번 이벤트만 통과하려는 마음이 바로바로 보였습니다. '이곳을 통과하면 이제 고객한테 가야 하는데, 숨기고 간다는 게 말이 되나?' 이런 마음이었습니다.

두 부서를 경험하면서, 다른 부서를 경험하고 이해하지 못하면 자신도 모르게 부서 편견을 가지게 되고 상대방을 이해하지 못하고 서로 손가락질하는 사이가 될 수도 있다는 것을 느꼈습니다. 지금은 개발과 품질이 어떤 것이 올바른 것인지 나름 기준이 생겼고, 제가 연구소 개발 팀장, QA 품질 팀장으로서 가슴으로 느낀 두 문장을 말씀 드리겠습니다.

"우리가 개발하는 모든 제품 품질의 95%는 개발 단계의 개발자의 손에서 이미 결정된다."

"품질 부서는 품질만 잡는 것만이 아니라, 완성된 품질의 제품을 적기에 개발하고, 출시하는 것이다."

·그릇은 채워야 넘치고 화로는 태워야 뜨거워진다·

리더는
거짓말쟁이?

하루는 보고자가 품질 회의에서 리더에게 많은 도전을 받는 모습을 봤습니다. 그런 리더 모습을 보면서 '리더는 왜 거짓말쟁이일까'라는 생각이 불쑥 떠올랐습니다. 특히 리더는 여러 개의 가면을 가지고 회의에 들어갈 때마다 다른 것을 쓰고 가는 것 같습니다. 왜냐하면 품질 회의에서 말씀하시는 것과 개발 회의에서 말씀하시는 것이 많이 다르기 때문이 아닌가 합니다.

품질 부서와 미팅을 할 때는 '어떤 시련이 오더라도 막으라고' 질책하십니다. 개발 부서와 미팅을 할 때는 '어떤 시련이 오더라도 일정을 지키도록 하라'라고 말씀하십니다. 마치 창과 방패인 '모순'에 대한 이야기 같습니다. 이 창으로는 어떤

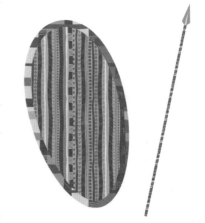

방패도 뚫을 수 있습니다. 이 방패는 어떤 창도 막을 수 있습니다.

과연 이런 상황에서 우리의 대응 방법은 어떤 것이 정답일까요?

개발 부서라면?

창으로 대변되는 액션을 요구하고 계십니다. 문제없는 제품을 완성하여 우리의 게이트를 하나하나 잘 열어 출하하는 그런 형상이 눈에 그려집니다. 일정에 맞춰서 개발을 완성하고 품질 부서의 게이트를 안정적으로 통과하는 것을 미션으로 하고 있습니다. 가능하다면 연구소에서 미리 검토를 완료하고 품질 부서에 검사를 의뢰하는 경우가 최선이라고 생각됩니다.

품질 부서라면?

방패로 대변되는 액션을 요구하고 계십니다. 최종 소비자의 손에 안정된 품질의 제품을 공급하기 위하여, 문제가 있는 제품이라면 게이트를 굳게 닫고 어떤 외압이 들어오더라도 물리치는 형상을 그려볼 수 있을 것 같습니다.

이상적인 관리자라면?

연구소에 근무하는 연구원을 리딩하는 리더, 품질 부서에 근무하는 품질 스태프를 리딩하는 리더, 어디에 근무하든지 자신의 역할을 충실히 진행하는 것이 담당자이자 리더의 역할이라고 판단됩니다.

저는 연구소에서도 근무하면서 창의 역할을 해 봤고, 품질 부서에 근무하면서 방패의 역할도 해 보았습니다.

·그릇은 채워야 넘치고 화로는 태워야 뜨거워진다·

제가 제안 드리는 이상적인 해법은 무엇인가?

연구소는 품질에 제품 인정을 의뢰하기 전 모든 검사를 완료하여야 합니다. 품질 부서는 몇 개의 특성 확인만 하는 곳이지 모든 특성을 검사 확인할 수 있는 곳은 아닙니다. 그렇기 때문에 연구소에서 가장 많은 문제를 알고, 소비자가 쓸 때 문제가 되는지 안 되는지 확신을 갖고 제품을 의뢰하는 것이며, 품질 부서가 없더라도 소비자에게 안전하게 보낼 수 있는 것이 연구소 개발 리더의 몫이라고 생각합니다.

품질 부서는 주어진 모든 항목을 다 확인하고 넘어가는 것이 최고의 방패 역할을 하는 것이지만, 최고의 품질을 책임지는 부서가 품질 부서가 아니라, 최고의 품질을 최적의 시기에 출하하여 성과(돈)로 연결시키는 것이 품질 부서라는 생각으로 연구소보다 더 절실하게 고객과의 약속을 지키려고 노력하여야 한다는 것입니다.

품질만 지키는 것이 품질 부서의 미션이 아니라 품질과 일정을 지키는 것이 품질 부서의 역할입니다.

우리가 가진 것을 같은 회사의 관련 부서와 서로 비교할 때는 모순이라고 말할 수 있지만 경쟁사와 비교를 할 때는 연구소가 최고의 기술력을 보유해서 최고의 창으로 표현할 수 있습니다. 또한 품질 부서는 고객이 느끼는 모든 문제점을 미리 파악하는 최고의 방패로 표현할 수 있을 것 같습니다. 그럴 경우 모순도 모순이 안 될 수 있습니다.

'모순이 모순이 아니다'라는 말이 참 모순이네요.

chapter 03

꾸준한 리더가
똑똑한 리더보다 멀리 간다

건강하고 멋진
직장 생활 코드 **6088234!**

페이스북이나 카카오 스토리를 하고 있나요?

이삼 년 전부터 블로그를 하면서 카카오스토리나 페이스북을 나름 열심히 하고 있습니다. 저뿐만 아니라 SNS를 하시는 분들은 인상적인 사진을 올리시는데, 그 사진들을 분류해보면 여러 가지 특징이 있다는 것을 알게 됩니다.

열심히 맛있는 음식을 올리시고 끊임없이 맛있는 것을 찾아다니시는 분들, 자동차 / 레고 / 화초 / 산삼 캐기 등 자신만의 취미를 발전시키며 그 경험과 성과를 공유하시는 분들, 국내 또는 해외여행을 하며 그 지역이나 나라만의 독특한 풍경이나 유적지 등을 올리시는 분들, 마라톤, 사이클, 산행 등 육체적인 도전을 하시는 분들, 그리고 일상을 올리시는 분들……. 제 내용도 역시 위에서 분류한 내용에서 그리 크게 벗어나지는 않네요.

한 가지 재미난 것은, 저와 비슷한 위치에 계신 분들이나 연령대가 비숫한 분들의 페이스북을 보면 산 정상에서 정상석과 함께 찍은 사진, 자전거를 타는 사진, 그리고 가끔 마라톤을 하는 분들이 나옵니다. 나이가 들어가면서 건강 유지를 위해 자신만의 방법으로 시간을 활용하는 방법의 대표적인 것들이기 때문이겠지요.

저 역시도 건강한 육체를 위해서 산행을 하고 있고, 정상석에서 사진을 찍어 올리는 것을 정말 좋아합니다. 왠지 어려운 것에 도전하는 기분이 좋고요, 정상에 섰을 때는 어려움을 극복하고 성공한 기분이 들어서 좋습니다. 덤으로 신선한 공기와 아름다운 자연 경관을 구경할 수도 있으니 일석이조를 넘어 일석다조라고 할 만합니다.

제가 어머님을 찾아뵈면 어머님께서도 항상 여러 가지 말씀을 해 주시는데, 건강은 늘 빠지지 않는 레퍼토리입니다. 특히 어머니께서 항상 하시는 말씀이 있는데, 죽기 전날까지 건강하다가 이삼 일 앓고 바로 삼 년 전 돌아가신 아버지 보러 갔으면 좋겠다는 것입니다. 특히 어머니께서는 항상 자신 있게 9988234(아흔아홉까지 팔팔하게 살고 이삼 일 앓다가 죽는 인생)라는 멋진 삶을 사시고자 하셨는데, 시간이 지나면서 약간 자신이 없어지시는 것 같고 8888234 정도만이라도 좋겠다고 말씀하십니다. 저는 아들로서 어머니께서 9988234 하셨으면 좋겠습니다.

회사 생활을 하는 저는 어떨까 곰곰이 생각해 보았습니다. 누구나 동일한 심정이지만 일단 퇴직까지는 왕성하게 회사 생활을 하고 싶습니다. 또한 정부가 2016년부터는 정년을 60세로 연장해 놓았으니, 회사 생활은 6088234가 되어야 하지 않을까 합니다. 60세까지88하게 회사 생활하고 2~3주 퇴직 준비해서 퇴사하는 그런 멋진 회사 생활 말입니다. 과연 될까, 고민하지 않겠습니다. 그렇게 변해가고 있는 회사 분위

·설렘있는 직장, 울림있는 리더·

기를 느끼기 때문입니다. 그런 회사를 만들고 싶습니다. 지금부터 함께 노력해 보시죠.

회사가 무엇을 해줄지는 언급하지 않겠습니다. 우리가 회사를 변화시키고 이끌어 갈 수 있기 때문입니다. 그러기 위해서 나는 무엇을 준비해야 할까요? 무엇을 희생할 준비가 되어있나요?

첫째, 희생하고자 하는 마음이 있어야 하겠습니다. 55세부터는 임금이 고정되는 임금피크제와 같이 60세까지 금전적으로 희생할 수 있어야 합니다. 본인과 회사가 함께 Win-Win 할 수 있기 위해서입니다. 그다음으로 자리를 희생할 수 있어야 합니다. 나이가 많다고 무조건 리더 자리를 고집해서는 안 됩니다. 적절한 위치를 차지하고 자신이 충실히 일할 수 있는 역할로서 조직에 기여해야 합니다.

물론 리더를 할 수도 있습니다만 좀 더 뛰어난 리더십을 가진 후배가 오더라도 과감히 양보할 수 있어야 합니다. 필요 시 대차도 손수 끌 수 있어야 합니다. 효율을 높이기 위해서 지속적인 인원 효율화가 이뤄지고 그로 인해 자신이 모든 일을 완료해야 하기 때문입니다. 후배가 해주리라는 마음, 도와주리라는 마음은 접어두어야 하겠습니다.

이런 마음이 생기고 실천이 가능하면 6088234가 가능하다고 생각합니다.

둘째, 60세까지 근무할 수 있는 체력을 길러야 하겠습니다. 2016년부터 정년 60세도 시행하고, 회사 분위기가 정년을 다 채우는 방향으로 바뀌는 분위기입니다. 우리보다 앞선 일본에서는 벌써부터 엔지니어들이 나이 들어서까지도 근무하시는 것을 많이 보셨을 것이고, 그로 인해 흰

·꾸준한 리더가 똑똑한 리더보다 멀리 간다·

머리 과장님들도 많았고 주름진 얼굴의 컨설턴트도 많이 뵈었을 겁니다. 우리나라도 이제 곧 일본과 같아질 날이 얼마 남지 않았다고 생각됩니다.

체력이라고 하면 육체적 체력뿐만 아니라 정신적 체력도 함께 길러야 하겠습니다. 산행, 사이클, 걷기, 헬스 등 육체적인 운동도 당연히 부지런하게 해야 하지만 책 읽기, 글쓰기, 그림 그리기, 취미 만들기, 생각하기 등 정신적인 운동도 열심히 해야 합니다. 건강한 육체와 함께, 건전한 정신을 가져야 60세 정년까지 근무할 수가 있습니다. 그리고 건강한 육체를 유지하고 그에 맞는 실력을 갖춘다면 65세까지도 컨설턴트로 근무 가능하지 않을까요? 이것이 바로 6588234하는 방법입니다.

셋째, 실력이 있어야 하겠습니다. 우선은 나이가 많은 만큼 경력도 쓰임새 있게 많은 경험으로 무장이 되어있어야 합니다. 고리타분한 과거만 고집하는 것이 아니라 과거의 경험을 바탕으로 한 새로운 지식이 접목되어 있어야 합니다. 지속적인 공부를 통해서 자신을 업그레이드해야 합니다. 나이가 들어가면서 잘 잊어먹기 때문에 잘 기록하고 남겨야 합니다. 본인을 위해서뿐만 아니라 후배를 위해서이기도 하고 그것이 바로 회사를 위하는 길이기도 합니다.

자신만이 인정하는 그런 실력은 소용이 없습니다. 주변에서 인정하고 회사에서 인정하는 성공 체험에 대한 포트폴리오를 구성하여 언제든지 보여주고, 실력으로 나타내고, 성과로 연결할 수 있는 그런 실력을 보유해야 합니다. 건강한 체력에 실력을 보유하고 있으면서 65세까지 컨설턴트로서 역할을 다한다면, 자신만의 일로 개인적인 컨설턴트가 가능하지 않을까 조심이 예측해 봅니다. 이것이 바로 7088234이지 않겠습니까?

국민소득이 2만 불에서 3만 불로 가는 이 시기는, 나라의 주력이 IT 및 지식사회 중심으로 가는 큰 전환점에 있습니다. 우리나라가 국민소득 3만 불을 넘게 되면 명실상부한 선진국에 진입하는 것입니다. 그런 사회에 맞는 우리 회사가 되길 기대하며 이러한 멋진 사회적인 변화를 기대해 봅니다.

3만 불 시대에 걸맞게 건강은 9988234, 회사 생활은 6088234를 넘어 7088234이면 좋겠습니다. 어떠신가요? 가능하다고 생각하세요?

한 사람이 꾸면 꿈이지만, 우리 회사 전 가족이 꾸면 곧 실현되지 않을까요?

인사 부서분들이 관련 제도를 준비하는 그날을 상상해 봅니다.

일만 열심히 하는
리더가 정답?

엊그제는 한 선배와 이런저런 이야기를 하게 되었습니다. 그러던 중 업무를 항상 열심히 만 하는 리더에 대해 말할 기회가 있었습니다. 항상 바쁘고, 업무를 준비하고, 관련 부분까지 또 준비하고 상사의 업무에 긍정적, 적극적으로 대응하고 퇴근은 항상 늦고 주말에도 일하는 리더에 대한 이야기였습니다. 객관적으로 보면 참 열심히 일하는 것이 보기 좋습니다. 여러분은 어떤가요?

한데 그 리더와 함께 일하는 구성원들이 무척 힘들어 보였습니다. 리더가 주말도 없이 일을 챙기다 보니 그 구성원들도 물론 주말에 나와 일을 해야 합니다. 리더가 늦게까지 있어야 하니, 그 구성원들도 함께 있어야 합니다. 주말에도 회사에 나오니 가족은 돌보는 것은 아예 접어 두어야 합니다. 리더뿐만 아니라 구성원 가족까지도 말입니다. 우선 그에 관해 좋은 글을 공유 드립니다.

리더라면 자고로 70:30 법칙을 지켜야 한다. 자기 시간의 30%는 실질

적인 업무에 쏟되,
나머지 70%는 재충전이나 남들이 하지 않는 일에 투자해야 한다.
－스티븐 샘플, 서던 캘리포니아대 총장

전 이런 경우를 자동차가 고속으로 달리는 것에 비유합니다. 마치 150Km로 계속해서 달리기만 하는 자동차가 있다면 어떨까요? 월요일, 화요일, 수요일……. 그리고 주말에도 기름도 최소한의 시간만 들여서 넣고, 식사는 샌드위치로 합니다. 이런 운전자의 차는 목적지에 정말 빨리 도달할 수 있습니다. 한두 번은 말입니다.

그러면 운전자는 어떨까요?
그리고 자동차는 어떨까요?

이렇게 계속된다면 운전자는 피곤으로 안전 운전이 어렵고, 자동차는 곧 여러 곳에서 문제점을 드러내게 됩니다. 교대 운전 또는 충분한 휴식이 필요하다는 것은 누구나 알고 있는 것이고, 타이어 교체, 엔진 오일 점검, 기타 차체 정비도 할 필요가 있다는 것을 알고 있습니다. 하지만 이론적으로는 아는데 왜 실천하기 힘들까?

왜 그럴까?
제 생각을 말씀 드려볼까 합니다. 항상 100점을 맞으려고 하다 보니 그런 것이 아닌가 하는 생각이 듭니다. 대기업에 들어온 사람들은 대부분 학교 다닐 때 한가락 하던 분들이 많이 오게 됩니다. 사무실 직원들도 그렇고 현장분들도 마찬가지입니다. 그렇다 보니 항상 우수한 성적으로 학교생활을 한 경우가 많습니다. (맞나요?)

어려서부터 학교에서 상위권에 있다 보니 자연적으로 끊임없이 높은 점수를 향해 달려가는 버릇이 생기게 되고, 열심히 하려고 하는 리더는 회사에 와서도 역시 만점을 맞으려고 노력하는 것 때문이 아닌가 생각이 되네요. 한데, 회사에서는 정답이라는 게 없습니다. 그러다 보니 점수에 있어서 만점이 없게 됩니다.

어떤 경우는 100점이 만점이지만 다른 경우는 120점이 만점이 되기도 하고, 상사에 따라 200점이 만점인 경우도 있습니다. 그러다 보니 리더는 항상 불안합니다. 일반적으로 80~90점만 넘어도 잘하는 것인데 리더는 100점을 준비하고 그리고 또 120점을 준비합니다. 한데 120점 정도를 준비하다 보면 또 200점을 준비해야 할 것 같고 그러다 보면 자연스럽게 야근이 되고, 역시 주말에 집에 있을 수 없게 되겠죠. 구성원들은? 당연히 함께 일이 많아지고, 유첨을 준비하고 거기에 또 유첨이 덧붙여지고, 야근이 많아지고, 특근이 많아지는 것이 아닌가 합니다.

지쳤을 때는 재충전하라!

과감히 80점에서 끊을 줄도 알아야 합니다. 구성원들이 100점을 향해 준비한 것으로 커버를 할 수 있어야 합니다. 그렇게 해서 자동차를 업그레이드하기 위한 시간을 확보해야 합니다. 가족과 함께할 시간을 확보해야 합니다. 자신을 재충전해야 합니다.

이런 광고가 생각나네요.

일반 차의 브레이크는 기름을 소모하지만 하이브리드 차에서는 그것이 충전의 시간이다.

오늘 자신의 차를 하이브리드 차로 바꾸시고, 브레이크를 밟아 충전을 해 보심이 어떨까요? 아니면 아예 차를 차고에 넣어보심이 어떨까요?

·꾸준한 리더가 똑똑한 리더보다 멀리 간다·

지친 나에게
힘을 주는 **보양식?**

하루하루 날씨가 너무 더워져서 긴 팔은 입기 불편하고 에어컨 없는 운전은 생각지도 못하는 시절이 벌써 되었습니다. 이런 시기 회사에서 이야기하는 여러 가지 회식 음식 중에 보양식에 대한 이야기를 많이 하게 됩니다. 삼계탕, 보신탕, 염소 탕, 장어구이, 문어 및 해물 탕, 잉어나 매운탕 또는 전복 탕 등이 바로 그런 음식입니다. 무더위를 이기게 해 줄 나만의 보양식에 대한 이야기를 해 보고자 합니다. 저는 이 중에서 삼계탕을 주로 먹는 편입니다. 보신탕이나 염소 탕은 좋아하는 사람과 함께 가끔 가는 편이나 안 먹는 사람들도 많고, 장어는 특별한 날 가는 편이나 국물이 많지 않고, 문어 등 해물 탕은 가격 대비 조금은 양이 적고, 잉어나 매운탕은 뭔가 부족하고, 가장 대중적이고 가족이 함께 갈 수 있는 음식이 삼계탕이 아닐까 합니다. 그래서 가끔 삼계탕 집에 가거나 집에서 준비를 해서 먹게 되는데 더운 여름날 땀을 뻘뻘 흘리며 먹는 삼계탕(전복을 넣을 수도 있고, 문어를 추가로 넣을 수도 있음)은 미리 더위를 겪게 해서 더위를 이기는 효과와 단백질의 충분한 공급으로 체력을 보완해 주는 느낌이 드는 것이 무엇보다 중요한 육체적인 보양식 효과이며 또한 정신적으로도 보양식을 먹었으니 더운 여름을 버틸 수 있다는 생각으로 여름을 무사히 보내게 하는 효과도 주곤 합니다.

한데, 보양 탕 가게 사장님이 하시는 말씀이 참 인상적이십니다.

여름에 보양식을 먹는 사람은 하수고,
진짜 고수는 겨울에 보양식을 먹는다.

그리고 이유를 너무 멋지게 해석해 주시네요. 프로야구 또는 프로축구 선수들이 겨울에 체력훈련을 열심히 해야 더운 여름에 좋은 성적을 내듯이, 보양식도 겨울에 미리 먹고 체력을 비축하며 준비해 두어야지 더운 여름을 무사히 날 수 있다고 하시면서 더운 여름이 되어서 먹는 효과는 바로 나타나지 않기 때문에 겨울에 먹는 사람이 보양식의 고수라는 것입니다.

들고 보니 맞는 말이기도 하고 식당을 하시는 분들이 일년 내내 고른 매출을 올리기 위한 나름의 전략 같아 보이기도 하지만 그런 교육(?)을 받고 나서는 꼭 초복, 중복, 말복, 광복 등을 챙기기보다는 겨울에 미리 동계훈련 삼아 보양 탕을 먹으러 가곤 하고, 평소에 먹으러 가끔 가는 것이 더욱더 도움이 된다는 생각으로 먹으러 가곤 합니다.

회사에서도 이러한 원칙이 통하는 것 같습니다.
동계훈련을 열심히 준비하면 여름이 편하고 좋은 성과를 낼 수 있다는 말은, 품질을 하는 저에게는 우리 부서에 비슷하게 적용할 수 있을

· 꾸준한 리더가 똑똑한 리더보다 멀리 간다 ·

것 같습니다. 제품의 품질을 좋게 내기 위해서는 제품이 생산되는 시점 또는 문제가 발생한 후에 후행 관리를 하는 것이 아니라 개발되는 시점부터 선행 관리를 하게 되면 개발 후 발생하는 불량을 혁신적으로 감소시킬 수 있다는 것과 일맥상통한다고 생각합니다. 이것을 간단히 미연 방지라고 표현할 수 있을 것 같습니다. 그래서 심지어는 이렇게 이야기하기도 합니다.

'모든 품질의 95%는 개발에서 결정된다.'

물론 후 대응도 중요합니다. 생산하며 생기는 품질 문제를 해결하기 위하여 원인분석 및 대책을 하고 다시 발생하지 않게 하는 재발방지 적용된 개선 대책을 타 모델 또는 타 공장으로 전파 전개하는 수평전개 등이 그런 후행 활동입니다. 이러한 활동은 품질을 점진적으로 개선은 가능하나 혁신적인 개선은 기대하기가 쉽지 않습니다. 하지만 개발자들이 주축으로 진행하는 미연 방지 활동은 품질을 개선하는 것을 뛰어넘어 품질 문제 자체를 없앨 수 있는 근본적인 방책이 될 수 있기 때문에 무엇보다 중요한 활동으로 강조하고 있는 것입니다. 품질 개선을 위한 고수는 미연 방지를 철저히 준비하고, 중수는 재발 방지 및 수평 전개를 철저히 하고, 하수는 생긴 문제를 그때그때 처리하기 바쁜 사람들이라고 이야기할 수 있겠습니다.

삶에 있어서도 겨울에 보양식을 먹고 체력을 비축하는 것과 같이 준비를 미리 하는 것이 중요합니다. 젊었을 때 미리미리 저축하여 미래를 준비하여야 하고, 미리미리 공부하여 미래 역량을 준비하여야 하고, 5년 후 10년 후 하고 싶은 일을 미리미리 생각하여 필요한 자격 등을 준비하기도 하고, 은퇴를 준비하여 미리미리 노테크 아이템에 시간과 노력을 들이기도 하는 등의 활동을 할 필요가 있습니다. 막상 닥쳐서 준비하고 적응하기 시작하는 것이 아니라, 항상 미리 준비하고 있어서 기회가 있을 때 바로 낚아챌 수 있는 능력을 보유하고 있어야 한다는 뜻입니다.

그런데 준비하려고 하면 참 어려운 것이 현실입니다. 내가 무엇을 좋아하는지, 무엇을 잘하는지, 무엇에 소질이 있는지, 무엇이 부족한지 등……. 그럴 때 가장 효율적인 것이 관련 분야의 책 또는 여러 가지 다양한 책을 집중적으로 읽는 것입니다. 경험상 1주에 최소 1~2권 정도를 읽는 정도이면 일 년에 50권에서 100권 정도를 읽게 되는데 100권 정도를 읽고 나면 자신이 진정으로 원하는 것, 좋아하는 것, 잘하는 것, 잘하고 싶은 것을 찾을 수 있게 됩니다. 10권씩 10년 읽는 것이 아니라 1년에 100권을 집중해서 읽을 때 나타나는 효과입니다.

보양식이란?

허약한 육체를 보양하고 더운 여름을 잘 나게 하기 위한 음식을 말하며 이러한 보양식을 먹는 것은 건강 유지를 위해서 무척 중요하지만, 무엇보다도 중요한 것은 정신을 보양하는 정신 보양식이 무엇보다도 중요하다는 것입니다.

정신적 보양식이란?

정신을 보양하는 보양식으로 위에서 말씀 드린 것이 바로 책 읽기입니다. 어떠한 일에 닥쳐서 읽는 독서가 아니라 미래를 준비하기 위해 미리 읽는 책이 바로 정신 보양식입니다. 특히 일정 기간 집중해서 실행하는 독서가 우리 머리에게 주는 보양식이라고 생각합니다. 비계로 가득

찬 정신 상태를 근육으로 무장된 탄탄한 정신 상태로 만들어 주는 것이 바로 책의 효과입니다.

육체적 보양식을 미리 섭취하여 더운 여름을 무사히 보내시고,

정신적 보양식을 한껏 채워서 어렵고 힘든 실패의 관문을 잘 이겨내시고 돌파하시기 바랍니다.

꽃 같기보다는 **나무 같은** 직장 생활을 하라!

선배님과 보양식을 함께 먹으면서 몸에 좋은 이야기와 회사 생활에서 중요한 것에 대한 이야기를 들을 기회가 있었습니다. 회사 생활을 30년 가까이 해 오신 선배님의 철학이기도 했고 후배에 대한 사랑의 충고이기도 했습니다. 말씀하시는 주요 내용은 '회사 생활, 사회생활은 모두 돈을 쫓는 활동보다는 운(運)을 쫓는 활동을 하라'였습니다.

우리는 회사를 선택할 때부터 돈을 쫓는 선택을 하면서 직장 생활을 시작하게 됩니다. 신입사원 연봉이 조금 더 많은 회사가 어디인지 골라보고 비교해보고 입사 지원을 하게 됩니다. 연말에 인센티브를 조금 더 받기 위해, 연봉이 좀 더 오르는 것을 중요하게 신경 쓰면서, 자녀들의 학비를 더 오래 받기 위해, 퇴직금을 어떤 타입으로 받는 것이 유리한가 등을 생각하면서 직장 생활을 하게 됩니다. 모든 활동이 돈을 쫓는 그런 활동으로 집중되는 모양이라는 것입니다.

그래서 제가 물었습니다.

"우리는 직장인이고, 프로페셔널인데 돈을 생각하고 좀 더 많이 받기 위해 노력하는 것이 당연한 것이 아닌가요?"

그랬더니 선배님이 말씀했습니다.

"삼십 년 가까이 회사로부터 많은 돈을 받았지만, 나의 미래를 위해 더욱더 중요한 것은 돈의 많고 적음이 아니라 운의 많고 적음이더라."

그러면서 운을 쫓는 활동이라는 것이 어떤 것인지에 대해 설명을 해 주셨습니다.

한 달에 월급을 10만 원 더 집에 가져다 주는 것이 중요한 것이 아니라, 외부 사람을 만나서 저녁을 하든지, 후배 또는 동료들과 저녁 식사를 하든지, 자기 자신을 위해 학원을 등록해서 공부를 하든지, 책을 사서 책을 많이 읽든지, 여행을 가든지, 새로운 시도를 해본다든지, 자신이 좋아하는 정당에 기부를 하든지 등……. 10만 원 자체를 쫓는 것이 아니라 10만 원을 쓰더라도 나에게 운을 만들어 주고 축적할 수 있는 활동을 하라는 것이었습니다.

회사를 안정적으로 다니고, 집에 일찍 들어가고, 월급은 해마다 조금씩 오르고, 자녀가 커가게 되면 학자금 지원을 받고 반복되고, 숙달되는 일에 만족해하면서 자신만을 위해 자신의 성을 쌓듯 회사 생활을 한 해 한 해 일하게 됩니다. 이러한 일상적인 활동을 통해 얻어지는 개인의 운은 그 크기가 작을 뿐만 아니라 잘못하면 왜곡된 운 또는 편협된 운을 만들 수 있다는 것입니다. 그리고 이러한 운은 나이가 들어가면서 그 크기가 줄어들거나 없어져 버리기 때문에 막상 회사를 나갈 때가 되면 바깥세상에서 쓰일 수 있는 운은 없게 된다는 것입니다.

·설렘있는 직장, 울림있는 리더·

미래를 밝혀주는 운의 나무를 키워가기 위해서는 사람들을 만나고 이야기하고 서로의 운을 교환하면 서로 운이 커지게 되고, 새로운 분야의 정보를 들으면서 나의 운이 가지를 뻗어 나가게 되고, 선배님들이 경험한 것을 들으면서 나뭇잎이 무성하게 자라고, 내 자신을 위해 투자해서 무엇인가를 배우면서 나의 줄기가 굵어지고 새로운 곳을 여행하면서 나의 뿌리가 깊어진다는 것입니다.

이렇게 한 해 한 해 연륜이 쌓이면 어제보다는 오늘이, 지난 달보다는 이번 달이, 작년보다는 올해가 더욱더 성장해 있는 나를 발견할 것이고 결국에 가서는 그 나무에서 열리는 열매의 수확량이 매년 증가하는 결과를 얻게 된다는 것입니다.

아니 그러면, 운을 키우는 활동을 나무를 키우는 것으로 표현할 수 있다면, 돈을 쫓는 활동은 무엇으로 표현할까 생각해 보았습니다. 나름 고민 끝에 저는 그 활동이 꽃씨를 뿌리는 활동이라고 생각했습니다. 도시의 길가에 심어지는 꽃들을 많이 보셨을 겁니다. 아니면 회사의 정원에 심어지는 꽃들을 많이 보셨을 겁니다. 봄이 되면 정말 예쁜 꽃들을 길가에 또는 회사의 정원에 옮겨 심게 됩니다. 한두 달가량 꽃은 예쁘게 피지만 곧 시들시들 해지고 계절이 바뀌면 다른 꽃으로 바뀌든가 아니면 내년을 기약하게 됩니다. 작년의 꽃과 올해의 꽃이 뭔가 다르다는 생각이 들기보다는 매년 너무나 똑같은 모습을 보여주고 다시 없어지는 그런 발전 없고 성장 없는 순환을 그린다는 것입니다.

이렇게 생각을 정리해 보니 선배님의 말씀하신 돈보다는 운을 쫓는 직장 생활을 나만의 언어로 재해석할 수 있었습니다.

'매년 똑같은 모습을 보여주고 화려함만을 추구하는 꽃과 같은 모습이 되기보다는 한 해 한 해 성장하고 커가는 나무와 같은 모습이 되는 회사 생활을 하라.'

이렇게 회사 생활을 한다면, 즉 꽃과 같은 회사 생활이 아니라 나무와 같은 직장 생활을 꾸준히 한다면 매년 꽃씨와 같은 작은 성과를 여러 개 얻는 것이 아니라 십 년 후, 이십 년 후에 점점 크고 달콤한 과일을 풍성하게 얻을 수 있을 것이라는 말씀으로 해석하고 알아들었습니다. 오늘 생활하는 것이 나뭇가지를 뻗어가는 활동이고 뿌리를 한층 더 깊게 파고드는 활동이라 생각하고 아주 힘차게 하루를 시작해 보시기 바랍니다.

직장 필수
사칙연산!

아들이 먹던 과자 포장지에 쓰여져 있는 재미있
는 글이 내 눈을 끈다.

'+' 더하기 : 사랑은 더하고
'−' 빼기 : 슬픔은 빼고
'×' 곱하기 : 기쁨은 곱하고
'÷' 나누기 : 행복을 나누세요

너무나 멋진 사칙연산이 우리 삶을 아주 간략하지만 명확하게 표현
하고 있습니다. 포장지 내용 그대로 생활한다면 행복한 세상을 좀 더
빨리 만들 수 있지 않을까 하는 생각을 해 보았습니다.

그렇다면 회사에서도 이 멋진 사칙연산을 적용해 보면 어떨까 하는
고민을 해 보았습니다.

'+' 더하기 : 역량, 네트워킹과 상호협조는 더하고

'−' 빼기 : 나태와 무기력은 빼고

'×' 곱하기 : 자신이 얻은 정보는 서로 곱하고

'÷' 나누기 : 성과는 상사와 구성원이 함께 나누세요.

'+' 더하기

리더를 경험해 보신 분이라면, 팀 구성 시 좋은 인재를 많이 확보하는 것이 좋은 팀을 구성할 수 있고 탁월한 성과를 내며 결국은 좋은 회사로 가는 지름길임을 아실 수 있을 것입니다. 하지만 항상 좋은 사람만으로 팀을 꾸릴 수 없기 때문에 평범한 사람들을 잘 육성시켜 조직에 꼭 필요한 사람으로 성장시키는 것이 무엇보다도 중요한 리더의 요소이자 좋은 팀의 필수요소입니다. 개인적으로도 자신의 역량 항목을 하나씩 더해가야 합니다. 업무에 대한 전문 역량과 함께, 취미 역량, 건강 역량, Life and Work Balancing 역량 등을 확보해 나가야 합니다. 이러한 역량 확보를 통해 회사에서 근무하는 시간이 지나면 지날수록 하루가 다르게 성장해 가는 인재가 되어야 합니다.

이와 더불어서 리더와 구성원 모두는 네트워킹을 더해야 합니다. 회사에서는 규모가 크면 클수록 어느 부서 혼자나 개인 혼자서 모든 것을 해결해 나갈 수는 없습니다. 관련 부서와 협조를 통해 이루어지는 것이 대부분이고 이 협조를 잘 이끌어 내는 것이 회사에서 개인 또는 조직의 실력으로 대변되기도 합니다. 그렇기 때문에 관련 부서와의 네트워킹을 하나하나 늘려가는 것이 곧 업무 성과와 역량을 향상시키는 것이기도 합니다. 조직에서의 육성, 개인 역량과 네트워킹은 더하면 더할수록 빛이 나는 덕목이네요.

'一' 빼기

혁신은 조직을 성장시키는 필수 아미노산 같은 존재입니다. 이러한 혁신을 진행하는 데 가장 필요한 것은 구성원 전원이 함께 동참하는 '전원 참여 정신'입니다. 전원 참여를 이끌어 내는 데에는 여러 가지 단계를 거치게 되는데, 그중 꼭 빠뜨리지 말아야 하는 것은 혁신을 방해하는 불타지 않는 자갈 같은 사람들을 변화시키거나 솎아내는 과정입니다.

혁신을 진행할 때 사람들의 반응에 따라 세 가지 부류로 나뉘게 됩니다. 첫째, 리더의 혁신 사상을 강력하게 신봉하고 추진력 있는 실천으로 변화를 주도하는 자연성 인재. 둘째, 처음에는 혁신에 협조적이지 않지만 약간의 교육과 시간이 있으면 혁신으로 불붙게 되는 가연성 인재. 마지막, 끝까지 기존 사상을 고수하고 혁신에 반응하지 않고 심지어 혁신을 방해하는 불연성 인재로 나누게 됩니다.

특히 불연성 인재를 자갈 인재로 표현하기도 하는데요, 이러한 인재

(人災)들은 불에 타지도 않고 불길을 유지하는 열을 흡수하여 혁신의 불길이 번지는 것을 막고 조직에서 타오르는 혁신 의지를 꺾어 버리기까지 합니다. 조직을 혁신으로 이끌어가는 초기에는 이러한 자갈성 인재를 골라내야 합니다. 하지만 어느 조직에나 이러한 인재는 불행히도 골고루 섞여있기 때문에 이들을 구별하고 분리해 내는 데도 너무도 많은 노력과 힘이 들어가게 됩니다.

그러면 이런 자갈 같은 사람들을 어떻게 구별해 내야 할까요?

이런 사람들은 평소 일에 대한 의욕이 남들보다 적고 특히 새로운 일에 대해서는 알레르기를 일으킬 정도로 둔감합니다. 또한 나태와 무기력으로 단단히 무장되어 있어 한두 번의 혁신 경험 또는 성공 체험으로는 가열되지가 않습니다.

아침에 무기력하고, 무표정한 표정으로 출근하고, 동료들과 거리감이 있으며, 혼자 담배를 피우거나 음료를 마시는 경우가 많으며, 업무는 자신의 주특기 이외는 하지 않으려고 하며, 저녁에도 어울리는 것에 소극적이며 가정생활도 밋밋하게 하루하루를 살아가는 사람들이 많습니다. 이런 사람에게서 나태와 무기력을 빼내기 위해서는 꼼꼼한 관리를 통해 일정, 코스트, 품질을 관리하는 방법이 하나가 있고, 이를 통해서 아주 자그마한 성공을 여러 차례 경험하게 해 주는 것입니다. 성공을 경험하면서 성공에 대한 학습이 체득화되면 나태와 무기력이 하나둘 빠지게 되더라고요. 혁신의 성공은 이러한 단계까지 도달하느냐 못하느냐의 차이에 달려있다고 봐도 무관합니다.

'X' 곱하기

인터넷의 발전으로 가장 큰 혁명을 이룬 것은 지식의 공유가 용이해졌다는 것입니다. 그래서 이제는 남보다 먼저 정보를 얻고 적용하기 위해서는 머릿속에 정보를 다 넣어서 다니는 게 아니라 정보의 숲에서 어디에 위치하고 있는지를 아는 것이 더 중요한 시대가 되었습니다. 그래서 정보가 어떤 것인지를 아는 Know-how와 함께 정보가 어디에 있는지 아는 Know-where가 주목 받는 시대가 되었고 이러한 정보를 자기만의 색깔을 덧입혀서 바꾸는 능력이 무엇보다 중요한 핵심 능력으로 평가 받게 되었습니다.

특히 직장에서는 기존에 발생되는 여러 가지 정보에 자신의 색깔을 덧입혀야 하는데, 그러기 위해서는 정보를 찾는 것도 중요하지만 자연스럽게 자신에게 정보가 접촉이 되도록 해야 한다는 것입니다. 이러한 정보의 접촉을 통해 새로운 색깔의 정보를 만들고 그 정보를 다른 사람에게 제공하여 더욱더 발전된 정보로 성장하는 과정을 거치면서 진정으로 회사에서 필요한 정보로 탈바꿈하게 되는 것입니다. 하나의 정보는 그 정보 하나로 끝나지만 정보에 정보를 더하는 과정은 정보가 서로 곱해지는 과정이며, 이러한 정보 곱하기 과정을 많이 거치면 거칠수록 그 힘은 점점 더 커진다는 것을 명심하시기 바랍니다.

나의 정보는 3, 동료의 정보는 2, 리더의 아이디어는 2, 후배 사원은 1 이 있다면, 이들의 정보가 서로 교류가 없다면 이 팀에서 채택이 되는 정보는 아마도 3점에서 8점 정도일 겁니다. 하지만 이들이 회의를 통해 서로의 정보를 교류하고 더하고 증폭시키는 과정을 두세 번 거치게 되면, $(3 \times 2 \times 2 + 1) \times (3 \times 2 + 2 \times 1) \times (3 + 2 \times 2 \times 1) = 13 \times 12 \times 12 = 1800$이라는 수

치가 나옵니다. 정보를 여러 번 거치게 되니 실로 어마어마한 숫자로 나오게 되는데 회사에서도 단기 타스크를 통해 몰입해 보거나, 많은 사람들이 함께 잘 어울려서 일하는 경험이 있으신 경우에 처음에는 상상하지도 못했던 어마어마한 결과를 이끌어 내신 경험이 아마도 있으실 겁니다.

정보의 곱하기 현상을 통해 혁신과 창의를 이끌어 낼 수 있고, 감정의 곱하기 과정을 통해 소통을 이끌어 낼 수 있으며, 리더와 구성원 간의 공감 곱하기를 통해 아무리 어려운 난관도 뚫고 나갈 수 있다고 생각합니다. 정보와 감정 그리고 공감은 마구마구 곱하면 좋겠네요.

÷ 나누기

보통 연말이 되면 조직별로 한 해의 성과를 평가하게 됩니다. 한 해의 성과를 정리하고 상사와 조율하고 면담하고 최종 평가등급을 받게 됩니다. 이렇게 정해진 등급으로 연말 인센티브와 내년도 임금인상률이 정해지고 진급의 조건에도 관여를 하게 됩니다. 항상 느끼는 것이지만 이 시기가 되면 본의 아니게 서열이 매겨지게 되고 그로 인해 일부 구성원들이 소외되는 현상이 발생되게 됩니다. 정말 열심히 일했는데 나는 왜 이 정도밖에 안 되는가? 누구는 빈둥빈둥한 것 같은데 왜 나보다 더 평가를 잘 받을까? 일보다는 상사와 친한 것이 관여가 된 것이 아닐까? 등…….

이러한 부분을 잘 운영하는 것이 리더의 가장 큰 역할이자 책임입니다. 조직의 성과는 극대화하면서 조직에서 얻는 성과는 구성원들에게 공평하게 나뉘도록 해야 한다는 것입니다. 상황에 너무 치우쳐서 편협

한 평가를 하기보다 합리적이고 자료와 성과에 근거한 나누기를 해야 합니다. 그러기 위해서 리더는 평소 공과 사를 구분하는 감정 나누기를 잘해야 합니다. 성과나 역량을 측정하고 기록하는 리더 시간 나누기를 잘해야 합니다. 성장을 위한 채찍과 성장을 가속하는 당근을 적절히 안배하는 자원 나누기를 잘해야 합니다. 콩 한쪽도 잘 나누어 분해하고 분배하는 능력이 무엇보다 중요한 리더의 덕목이라는 생각이 드네요.

직장에서 필요한 사칙연산.
회사 생활에서 더하고 빼고 곱하고 나누기만 잘해도 우수한 구성원 뛰어난 리더가 될 수 있을 것 같습니다.

사칙연산, 회사에서 한 번 써 보는 것은 어떨까요?

·꾸준한 리더가 똑똑한 리더보다 멀리 간다·

정상 등반용
아이젠을 준비하라

　　　　　겨울이 되도 주말에는 한해 목표 중의 하나인 월
1회1,000m급 등반하기를 지속합니다. 구미에 있는 금오산(971m)
등반이었습니다. 주말 구미에 있는 저에게 시간 대비 운동 효과 최고인
선택입니다. 등반을 시작하는 초입은 영하1~2도입니다. 출발하는 여섯
시는 아직 깜깜해서 헤드랜턴을 끼지 않으면 오를 수 없을 정도로 어두
웠습니다. 한 발 한 발 올라가면서 점점 밝아오는 기운을 느꼈고 폭포
근방에 가니 불빛 없이도 등반을 할 수 있었습니다.

　정상에 올라가면서 기온이 1도 1도 떨어지는 것을 피부로 느낄 수 있
었고, 정상에 도달했을 때는 영하 10도를 넘어서 장갑을 벗고 사진을
찍는 시간조차 견디기 힘들 정도였습니다. 그리고 정상 근처에서는 눈
이 아직도 쌓여있어서, 아이젠(EISEN)을 하지 않고서는 올라가기가 조
심스러웠고 아이젠을 하고 나서 무사히, 편안히 등반을 할 수 있었습니
다. 매번 올라가는 산이지만 한 해를 시작하는 1월에 아이젠(EISEN)을
하고 눈을 밟으며 올라가는 그 기분은 말로 표현하기 힘들 정도로 최고

였습니다.

올 해의 첫 등반 최고의 느낌에서 배울 것이 없을까?

회사 생활과 비슷한 점인 최고의 위치에 오른다는 것의 의미를 도출해 보고 나름 해석해 보았습니다. 회사 생활을 처음 시작한다는 것은, 등반을 처음 하기로 마음먹고 목적으로 하는 그 산에 가는 것과 동일하다는 것입니다. 등반 초기에는 아직 해가 뜨지 않아 헤드랜턴의 도움이 꼭 필요하듯이, 회사 생활 초기의 신입사원들은 미래가 어둡고 불투명해서 이 시기에는 선배님들과 리더들의 도움이 없으면 한 발짝도 올라가기가 힘든 이치와 같게 느껴졌습니다.

또한, 등반을 시작하는 산 아래 온도와 정상과 온도 차는 거의 10도 정도가 차이 나듯이, 회사 생활의 신입사원 시절과 자신이 원하는 정상과의 온도 차는 정말 크다는 것입니다. 신입이나 대리, 과장 시절에 느끼는 어려움보다 리더나 회사 정상의 자리에 계신 분들의 어려움이 더하다는 의미로 해석할 수 있겠고, 한 단계 한 단계 경험해보니 그 말이 잘 맞는 것 같습니다.

산에 올라가지 않는 사람에 비해, 산에 올라간다는 것은 대단한 도전이고, 산에 올라가더라도 중간에 있는 폭포까지 가는 사람들의 숫자에 비해서는, 할딱고개까지 올라가는 사람이 더 적어지고, 정상까지 올라가는 사람의 숫자는 더욱더 적어지더라고요. 회사에서도 마찬가지입니다. 정상에 올라가는 사람은 평소 회사 생활하는 사람들의 숫자에 비해 그리 많지 않다는 것입니다.

어렵게 금오산 정상에 도달해서 느끼는 또 다른 감정을 회사 생활에 대입해 보면, 정상으로 오는 길은 정말 외롭고, 정상은 아래서 생각했

·꾸준한 리더가 똑똑한 리더보다 멀리 간다·

던 것보다 정말 춥고, 남들과의 경쟁이라기보다는 나와의 경쟁이 무엇보다 중요하다는 것이었습니다.

정상 주변에는 눈이 아직 녹지 않아서 아이젠(EISEN)을 하고 등반을 했습니다. 눈이 있어서 정상에 도전한다는 것이 어려울 수도 있었는데, 등반을 해 보신 분들은 아시겠지만 눈길을 아이젠을 하고 걸으면 오히려 푹신한 느낌으로 안정적으로 등반을 할 수 있었습니다.

회사 생활도 이와 다르지 않게 느껴졌습니다. 정상에 가까워지면 가까워질수록 기온은 점점 더 떨어지고, 기운이 빠져서 등반하기가 점점 더 어려워지고, 추운 시절이 지나가도 아직 눈과 얼음이 남아 있어서 그냥 준비 없이 등반했다가는 동상이 걸리거나 다리가 겹질리거나 오히려 다치는 경우가 발생한다는 것입니다.

회사에서도 정상에 오르고자 하시는 분은, 정상에 오르기 전에 미리 방한복도 준비하시고 방한 장갑도 준비하고, 추위에 견딜 수 있는 강한 체력과 정신력도 키워 놓으셔야 한다는 것입니다. 미리 방한복, 방한 장갑 그리고 무엇보다 겨울 산행에서 빠뜨리면 안 되는 것이 바로 아이젠입니다. 눈 덮인 정상에 도전하는 필수 아이템인 아이젠(EISEN)이 회사 생활에서도 꼭 필요한 아이템으로 생각이 들어 그 항목이 무엇인지 생각해 보았습니다.

회사에서 어려움을 이겨내고 눈 덮인 산을 제대로 오르신 분들은 모두 아이젠을 착용하듯이, 우리 주변에 계시는 정상에 미리 도달해 보신 분들의 공통점이라고 보시면 될 것 같고, 그 해답이 아이젠(EISEN)이라는 단어를 분리해 보면 있지 않을까 합니다.

· 설렘있는 직장, 울림있는 리더 ·

E = *Enamored of Something*

I = *'I' control*

S = *Soft but Fast decision*

E = *Encourage team member*

N = *Network*

첫째, E = Enamored of Something, 무엇인가에 반하신 분들입니다

일에 빠지고, 사람에 빠지고, 취미에도 탁월하신 그런 특징을 가지고 있습니다. 지금 정상에 계신 분들이나, 정상에 올라가고자 하시는 분들이 꼭 지녀야 할 항목입니다. 정상에 계신 우리 선배님들 대부분이 일에 반하신 분들입니다. 자신을 위한 시간 투자도 없고, 가족에 대한 배려도 없이 오로지 회사에만 전념하신 분들입니다. 일뿐만이 아니라 사람 관리도 하시고 배려심도 깊습니다. 저녁에 팀원들과 술자리도 갖습니다. 그 모든 것이 성과를 극대화하기 위한 회사에서 필요한 툴(Tool)입니다.

하지만, 이제 정상을 바라보시는 분들은 변하는 세상에 맞게 기존 분들과는 다르게 대응해야 합니다. 그렇다고 일에 대한 전문성이 떨어져야 한다는 것은 아닙니다. 일에 대한 전문성은 기본이고 자신만이 반하고 있는 그 무엇이 있어야 한다는 뜻입니다. 일 이외에서도 자신의 시간을 꾸준히 투자하는 취미가 있어야 합니다. 그 취미로 후배 사원과 퇴근 후 함께할 수 있는 것이 있어야 합니다. 가족과도 함께할 수 있는 그 무엇이 있어야 합니다. 그것이 바로 정상에 오르기 위한 첫 번째 요소라고 생각합니다.

둘째, 'I' control, 자신을 정말 잘 컨트롤하시는 분들입니다

정상에 계신 분들은 자기 관리가 정말 철저하다는 것입니다.

임원분들은 업무에 있어서 원하는 목표를 위해 정말 철저히 자신을 컨트롤합니다. 술을 늦게까지 먹더라도 다음 날 멀쩡한 모습으로 회사에 나와 계시고 그다음 날의 업무를 철저히 수행합니다. 필요한 교육은 주말이라도 참석하고 본인의 역량 향상을 위해 끊임없이 투자를 합니다. 본인의 건강관리를 위해 그 바쁜 시간을 쪼개서 운동을 합니다. 자신을 잘 컨트롤하지 못하는 사람이 어떻게 큰 조직을 컨트롤할 수 있을까요? 그렇게 생각하면 자신을 잘 컨트롤한다는 것이 정상으로 가는 기본이라는 것에 동의하시죠?

셋째, Soft but Fast decision, 부드럽지만 항상 빠른 결정을 합니다

지금 정상에 계신 분들은 이전까지 강한 리더십, 무데뽀 리더십을 사용하기도 했습니다.

하지만 점점 더 부드럽고 합리적인 리더들이 점점 더 많아지고 있는 것이 눈에 보일 정도입니다. 부드럽고 합리적이지만 꼭 필요한 시간에 중요한 것에는 빠르고 강한 의사결정을 한다는 것입니다. 머뭇거리지 않습니다. 비록 완벽한 의사결정 자료가 있지 않더라도 그 상태에서 최선의 선택을 합니다. 어려운 곳을 탈출하기 위해서는 무데뽀 리더십이 필요할 수 있습니다. 20세기 말까지는 이런 리더십이 필요했지만, 21세기에는 우리 시대에 맞는 적당한 리더십이 필요하다고 생각하고, 그 리더십이 바로 부드럽고, 빠른 의사결정이라고 저는 감히, 과감히 말씀드립니다.

넷째, Encourage team member, 구성원들을 힘과 사기를 잘 북돋워줍니다

본인이 열심히 일하는 것뿐만 아니라, 구성원들 각자의 특성을 잘 파악하여 일을 잘할 수 있도록 힘을 북돋워주기를 잘한다는 것입니다. 정상에 계신 분들께서는 자신이 잘하셔서 올라가신 것보다 모두 팀원들의 도움으로 그 자리에 있다고 말씀하십니다. 똑같은 구성원을 가진 팀장이라도, 정상에 계신 분들은 무엇인가 많이 다르고, 구성원들의 장점을 잘 버무려서 최고의 성과를 내는 탁월한 성과를 내신다는 것입니다. 자신의 장점을 잘 활용하기 때문에 그 부분의 전문성이 지속적으로 발전하게 되며, 전문성이 커지면서 팀의 성과는 남과 다르게 탁월한 성과를 지속적으로 내게 되는 선순환을 그리게 됩니다.

마지막으로, Network, 사람과 정보의 네트워크가 누구보다 강하십니다

일하는 방법에 있어서, 인적 네트워크와 정보 네트워크가 누구보다 강합니다.

후배 사원들은 여러 날이 걸려서 해결해야 하는 일들도, 전화 한 통화 또는 회의 한 번 하기만 하면 술술 풀려 나가는 경우가 아주 많습니다. 어려울 때면 꼭 문제를 해결해 주는 고마운 분이 있습니다. 좋은 일에도 꼭 축하해 주시는 분들이 주변에 아주 많이 포진해 있습니다. 이런 결과를 보고 그 결과에 대해 무척 부러워만 하는 사람들이 있습니다. 저분은 원래 사람을 사귀는 능력이 좋아서, 정보를 왜 이리 많이 알고 있는지 참 대단하다고 부러워하는 경우를 많이 봤습니다. 하지만 타고날 때부터, 회사에 입사하면서부터 그분들이 원래부터 그런 능력을 타고난 것이 아닙니다. 사원, 대리, 과장, 부장을 거치면서 만나는 한 분 한 분에게 정성을 다한 결과인 것이 바로 네트워크이고, 사원, 대리,

과장, 부장을 거치면서 배운 지식과 경험을 주변 부서 관련 부서와 함께한 것이 네트워크입니다.

정상에 오르기 위해서 꼭 준비해야 할 Tool 'EISEN'을 설명 드렸습니다. 하지만 도달하시는 분들 중에는 아이젠을 하지 않고 오르시는 분들도 있으십니다. 하지만 그런 분들이라도 아이젠을 하고 등반한다면 좀 더 안전하고 빠르게 정상정복을 하실 수 있을 것이고, 초보라면 당연히 아이젠 없이 정상에 오르는 것은 정말 위험하다는 것이며, 정상에 한 번 올랐더라도 안전하게 내려오는 것이 정말 힘들다는 것입니다.

정상을 향해가는 우리 직장인들, 어려운 난관을 극복할 수 있는 아이젠을 평소에 준비하셨으면 좋겠습니다.

여러분은 정상 정복을 위한 우리만의 아이젠을 모두 준비하고 계신가요?

· 설렘있는 직장, 울림있는 리더 ·

환경 변화에 대응하는
세 가지 **리더** 유형

　　　　　 네덜란드 학생들은 한해 중 방학이 여러 번 나뉘어져 있고, 가장 긴 여름방학은 7주 정도 된다고 합니다. 방학에는 보충수업으로 바쁜 우리나라 학생들과 달리 네덜란드 학생들은 방학에 자신이 좋아하는 취미, 경험을 살리기 위한 아르바이트, 또는 가족과 함께 또는 개인 배낭여행 등을 간다고 합니다. 그래서 그런지 네덜란드의 학생 행복지수는 우리나라 학생들의 행복지수에 비해 무척 높게 나타난다고 합니다.

　학생들뿐만 아니라 회사도 마찬가지인 것 같습니다. 여름에 한 달 가까이 휴가를 가는 네덜란드에 비해 우리 직장인들은 한 주를 쉬기에도 그리 편하게 쉬지를 못하는 것 같습니다. 그에 맞춰 우리 직장인들의 행복지수도 학생들과 크게 다르지 않을 것 같습니다.

　하지만, 요즘 이런 분위기가 많이 바뀌고 있고 행복을 추구하는 분위기로 바뀌어 가고 있는 것 같습니다. 심지어 나라 전체적으로 일주일간의 근무 시간을 일정 시간 이하로 관리하는 법을 적용, 근로자들이

·꾸준한 리더가 똑똑한 리더보다 멀리 간다·

추가 근무를 할 수 없도록 만들어서 좀 더 많은 휴식시간을 갖도록 하고 있는 것을 모두 아실 겁니다.

이러한 분위기와 함께 우리 회사에서 추진하는 제도는 '가정의 날'입니다. 매주 특정 요일을 가정의 날로 정하고 일과를 좀 더 효율적으로 진행해 5시에 퇴근을 하는 것입니다. 우리 사업부도 금요일을 가정의 날로 정해서 실시하고 있고, 그날은 회식도 하지 않고 모두 가정으로 일찍 퇴근하게 됩니다. 전체가 함께 일찍 퇴근을 하니 마음 적으로도 편안하게 퇴근을 하는 것이 이제는 문화가 되고 모두 습관화될 정도로 잘 사용하고 있습니다.

또 다른 변화를 감지할 수 있는 것이 휴가 사용 활성화입니다. 샌드위치데이, 연휴 앞뒤에 휴가를 실시하여 개인의 휴가시간을 늘려주고, 계획적인 휴가를 갈 수 있도록 하는 조치가 되겠습니다. 그렇게 해서 평소보다는 길게 한 주 정도의 기간 동안 개인 휴가를 보낼 수가 있고, 마음만 먹는다면 해외 여행도 쉽게 갈 수 있을 정도의 기간을 확보할 수 있게 됩니다.

한데 왜 이렇게 분위기가 바뀌어 가고 있을까요?
저는 이러한 현상이 우리나라가 선진국으로 가기 위한 실질적인 변화의 시작이 아닐까 생각해 보았습니다. 우리의 선배들이 하루에 12시간 넘게 일을 하고 주말에도 당연히 일하는 것을 기본으로 생각했고, 우리는 이제는 토요일에 근무를 하지 않는 것을 당연하게 받아들이고 있지만, 아마도 우리 후배들은 주 40시간 이하 근무하고, 일 년에 두 달 이상 쉬는 것을 기본으로 생각하지 않을까 합니다.

·설렘있는 직장, 울림있는 리더·

이렇게 우리나라 일하는 환경이 약간은 강제적으로 조금씩 변화하고 있습니다. 근로자들에게 요구하는 것이 무조건적인 열심히 일하는 것이 아니라 효과적으로 스마트하게 일하는 것을 요구하고 있습니다. 이렇게 급격하게 변화하는 환경의 물결에 대응하는 우리의 자세는 어때야 할까, 그중 특히 제 주변에 있는 리더들의 형태가 어떤 유형이 있는지 과거를 돌아다 봤습니다.

첫 번째, 변화에 대응하지 않고 역류하려는 리더 유형입니다

'과거에는 밤 10시가 넘어서 퇴근하고, 주말에도 최소 하루는 근무하는 것이 너무나 당연했는데, 요즘 사람들은 너무 편하게 회사 생활을 하려고 하네⋯⋯'라고 말하면서 과거 형태의 근무 방식을 주장하는 사람입니다. 주로 나이 많으시거나 회사 생활을 아주 오래하신 분들이 이런 경우가 많은 것 같습니다. 본인이 늦게까지 남아있으니까 구성원들이 먼저 퇴근하면 안 되는 유형입니다. 주말에도 주요 멤버들을 불러서 회의하고, 자료 리뷰하고, 시간 보내기를 좋아하십니다. 퇴근하면서도 다음 주 월요일에 바로 봐야 할 숙제를 한아름 안기는 리더 타입입니다.

사회적, 문화적 변화의 물결이 세면 셀수록 이런 분들의 경우 더욱더 힘들어지게 되는 경우가 많습니다. 구성원들을 피로하게 만들 뿐만 아니라 본인도 항상 피로에 절어있게 되는 경우가 아주 많기 때문입니다. 좋게 보면 회사에 올인하는 스타일이지만, 구성원들이 보기에는 아직 변화의 흐름을 타지 못하고 과거에만 사는 타임머신형 리더로 생각됩니다.

정작 중요한 것은, 이러한 유형으로 일하시는 리더는 본인이 삼십 년 넘게 일을 그렇게 해오고 있기 때문에 구성원들이 힘들어하는 것을 들더라도 그런 사람들은 게으른 사람이라고 생각하고, 자신이 더욱더 채찍질을 해야 잘 돌아간다고 생각하는 경우가 아주 많다는 것입니다. 더군다나, 이러한 행동에 자부심을 느끼시며 회사를 살리는 데는 본인이 주축이라고 생각하십니다. 이런 분들에게는 술 마시며 여러 가지 희망 사항을 말하면, 그러마 하지만 도루묵일 경우가 99%입니다. 그냥 즐겁게 술 마시는 것이 좋습니다. 변하시겠지 하다가 마음에 상처만 남는 경우를 저도 많이 체험했습니다.

두 번째, 환경의 변화를 인식하고 그 흐름에 몸을 맡기는 리더 유형입니다

환경의 변화, 체제의 변화, 분위기의 변화에 빠르게 따라가지도 않고 그렇다고 강하게 역류하지도 않는 중간쯤 하는 리더 타입입니다. 상사가 강력하게 요구하면 그에 맞춰서 일하기도 하고, 구성원들의 불만이 커져가면 중간에 쉬기도 하면서 다른 조직보다 뒤떨어지지만 않게 관리하는 스타일입니다.

자신은 열심히 일만 하는 과거 스타일에 젖어있지만, 그래도 변화하는 흐름은 이해하는 경우입니다. 자신은 그렇게 하지 못해도 구성원들이 그렇게 하도록 말하는 스타일입니다. 하지만 리더가 솔선수범하지 않기 때문에, 구성원들이 맘 편하게 자신만의 시간을 가지고 변화에 능동적으로 대응하기가 그리 쉽지는 않게 됩니다.

이러한 조직은 약간은 느리더라도 전체적인 변화에 뒤처지지는 않게 따라 흘러갈 수는 있습니다. 저도 이 부분과 유사한 타입의 리더인 것 같고, 대부분의 리더들도 아마 이 부분에 속하는 경우가 아주 많을 것 같습니다. 이러한 유형의 리더들에게는 술 마시면서, 차를 마시면서 슬그머니 원하는 것을 이야기하면 조금씩 변화가 가속되는 경우가 많습니다. 가정의 날, 휴가 활용 등…… 공통의 의견을 JB를 통해서 공식적으로 요청하면 들어주는 경우가 많기 때문에 자주자주 개선의 의견을 개진해야 합니다.

세 번째, 환경의 변화를 미리 알고 본인이 솔선수범하는 리더 유형입니다

조직에 필요한 변화를 미리 캐치해서 구성원들에게 그 변화를 알리고 함께 대응하는 리더 유형입니다. 조직에서 필요한 일의 우선순위를 먼저 파악하고, 조직이 가진 자원과 시간을 효과적으로 활용합니다. 프리미어 리그의 감독이 선수들을 활용하는 것처럼, 로테이션 시스템을 잘 활용합니다. 항상 최고의 선수를 준비해 둡니다. 그리고 최고의 선수를 집중해야 할 업무에 투입합니다. 이러한 조직은 가정의 날도 잘 지키고, 휴가 사용률도 높으면서, 조직의 분위기와 성과도 최고인 경우가 아주 많습니다. 일을 밀도 있게 하고 쉴 때는 쉴 수 있는 분위기이기 때문에 구성원들과 조직이 항상 최고의 컨디션으로 업무에 임할 수 있게 됩니다.

리더와 구성원들이 함께 시너지를 내는 경우이기 때문에 이러한 조직에서 업무적, 컬처적 베스트 프랙티스가 나오는 경우가 많고, 거꾸로 업무적, 문화적 베스트 프랙티스를 만들려고 노력하다 보면 조직이 활기차게 바뀌는 경우도 있습니다.

단, 너무 급진적으로 가는 것은 다른 조직의 시기나 질투를 받을 수 있기 때문에 적절한 속도 조절을 통해서 전체 조직의 선단은 유지해야 한다는 것입니다. 그것이 바로 탁월한 리더의 조건이기도 하구요. 하지만 이런 탁월한 리더는 조직에서 그리 많이 있지도 않고 잘 보이지도 않게 됩니다. 이러한 리더를 만나, 술자리에 참석한다면 그냥 리더의 꿈을 들고 자신의 꿈을 얼라인하면 됩니다. 술을 마시면 몸이 취하지만, 그의 꿈을 들으면 정신이 취하게 됩니다. 꿈에 감염이 됩니다.

다시 한 번 쉽게 정리하면,

첫 번째 유형이 강을 거슬러 올라가기 위해 노를 저으라고 하는 리더형이라고 보시면 되고, 두 번째 유형은 강물이 흘러가는 대로 배를 맡기고 주변을 잘 관찰하라는 리더형이며, 세 번째 유형은 강물이 흘러가는 것에 더해서 노를 저어서 적극적으로 가속력을 붙이는 리더형으로 이해하시면 될 것 같습니다.

나는 어떤 타입의 리더일까요?
우리 팀장, 실장은 어떤 타입일까요?
어떤 타입의 리더가 되고 싶으신가요?
여러분께서 생각하시는 대로 그대로 이루어집니다.

숲형 리더일까,
사막형 리더일까?

예를 들어보자. 성과가 낮은 직원이 일주일에 두세 번은 15분씩 지각한다.

무능한 상사는

"회사가 동아리냐? 당신은 게을러서 안 되는 거야!"

부하가 게으른 게 사실인가? 아니다 단지 상사의 판단일 뿐이다.

유능한 상사는

"당신이 15분씩 늦게 오니까, 아침 회의가 늦어져. 그러다 보니 우리 팀의 전반적 업무 분위기가 느슨해지는 것 같아." 판단 대신 상대 행동이 미치는 영향력에 대해 언급한다.

나라면 어떻게 할까?

왜 늦었죠? 무슨 이유가 있을 것 같은데……. 우선은 들어주는 게 먼저일 것 같습니다. 그리고 기록하고 피드백하고 개선될 때까지 면담하고 습관화시킬 것 같습니다. 그래도 안 되면? 자격 없는 거죠.

판단보다 영향력을 말하라고 한다. 사람의 뇌는 이성을 담당하는 전두엽, 감정을 유발하는 편도체 등으로 이뤄져 있다. 전두엽이 점잖은 선비처럼 뒤에서 생각하는 존재라면, 편도체는 뇌를 지키는 문지기처럼 앞에서 외부 자극에 빠르게 반응한다. 상사가 쓰는 판단의 언어는 대부분 편도체를 자극하고 뇌에 부정적 감정을 퍼뜨린다. 그 결과 전두엽은 생각 활동을 멈추게 되고 전두엽이 멈춘 상황에서 부하의 행동을 바꾸지 못한다.

저성과자 코칭의 둘째 방법은 성과를 못 내는 이유를 KSA, 지식·스킬·태도(Knowledge ·Skill ·Attitude)에 따라 정확히 알려주는 것이다. 성과를 못 내는 데는 분명 원인이 있다. 무능한 리더일수록 원인에는 관심 없다. 그냥 결과만 갖고 부하를 비난한다.

무능한 관리자는 "올해도 목표 실적의 60%밖에 달성 못 했네. 당신 이러면 위험해. 알지?"

"최하위 고과를 3년 연속으로 받으면 권고 사직 대상이야."

이건 피드백이 아니라 그냥 '협박'이다.

유능한 상사는 영업 사원이 성과를 못 낸 원인에 집중한다.

"고객 상담 내용을 들어보니, 우리 상품의 특징에 대해 정확히 설명하지 못했던 것 같아. 우선은 상품에 대한 연구가 필요해요.(지식)"

"고객이 거절했을 때 어떻게 대응해야 하는지 연습하세요.(스킬)"

"세일즈는 결국 현장에서 일어납니다. 아웃바운드 영업을 두려워 말고 매일 한 군데 이상 잠재 고객사를 방문합시다.(태도)"

나라면 어떻게 할까?

우선은 원래 목표한 것에 비해 당신이 60%밖에 못한 이유가 무엇인지 분석을 시킬 것 같습니다. 그리고 그에 대한 Best Practice 사례를 연구하도록 하겠습니다. 그리고 벤치마킹을 통해 계획을 세우고 그에 대한 상세한 리뷰를 하겠습니다. 일 년 계획을 세우고, 세부적으로 분해해서 한 달 계획, 일 주 계획을 세우도록 하겠습니다. 주간 실적 리뷰를 통해 시그널 관리 및 보완을 지속적으로 해 준다면 제 경험상 미니멈 80% 이상은 나올 수 있고, 100% 이상도 나올 수 있습니다.

리더의 역할은 뭘까?

영국의 경제학자 윌리엄 베버리지는

"평범한 사람이 비범한 일을 할 수 있게 하는 것"

결국 저성과자가 성과를 낼 만한 일을 할 수 있도록 만드는 게 유능한 리더 아닐까?

저성과자는 어떤 조직에나 있습니다. 성과를 잘 내는 사람과 성과가 떨어지는 사람이 어우러져 있는 것이 조직입니다. 제가 경험한 한 두 명의 리더가 어떻게 저성과자, 고성과자를 만들어 내는지 말씀 드리겠습니다. 극단적 두 분의 경우이긴 하지만 시사점은 있는 것 같습니다.

항상 최고만을 추구하는 사람이 한 사람 있었습니다. 그는 항상 최고의 인재만을 선호하고 조직에서 최고 전문가만을 선호했습니다. 그리고 최고의 프레젠테이션, 최고의 목표를 번지르르하게 말하곤 했습니다.

그런데 일이라는 게 잘될 때도 있고 안 될 때도 있게 됩니다. 결과가 잘 나오면 자신의 계획대로 된 것에 대해 엄청난 자랑을 합니다. 그리고 엄청난 성과에 대한 보상을 요구합니다. 독식을 주로 합니다. 분위기 좋습니다. 그런데, 성과가 잘 나오지 않으면, 주변 부서, 관련 부서들의 잘못된 점을 엄청 드러나게 지적합니다. 내가 잘못된 이유는 관련 부서의 미흡한 서포터 때문이다. 그렇기 때문에 잘못은 저 부서에 있다. 저 부서를 혁신해야 한다. 조목조목 따져가며 이목을 다른 부서로 돌립니다.

결국은 이 년 이상을 지속하지 못합니다. 성과는 모두 자신의 몫이고 잘못된 것은 모두 남의 탓이니 관련 부서에서 협조를 얻기가 힘들게 되고 조직에서 고사되고 맙니다. 최고의 인재들이 모여서 2~3년간 성과를 독식하고 안하무인 격으로 지내다 보면 이상하게 목이 뻣뻣해집니다. 또한 손가락질에 능하게 되고 조화를 모르게 됩니다. 그러다 보니 차츰차츰 저성과자로 변하는 경우가 많았습니다. 조직에서 유능한 사람은 저성과자로, 무능한 사람이라고 생각하는 사람은 다른 부서에서 홀대하고 조직이 점점 사막화되어가고 경쟁력을 잃게 됩니다. 빨리 이런 리더를 제거해야 조직 전체가 살아남게 됩니다.

또 다른 리더가 있습니다. 항상 주변에 홀대 받는 사람들을 모아서 조직을 꾸려가는 리더입니다. 주변에서 나이가 많다, 성과가 적다, 지식이 모자란다, 학력이 딸린다 하는 사람들을 모아서 팀을 꾸립니다. 물론 일부는 뛰어난 사람도 섞여 있습니다. 그리고 집중적으로 역량 향상에 매달립니다. 처음에는 성과가 그리 탁월하지 않습니다. 하지만 시간이 지나면 지날수록 역량이 향상되고 팀워크가 살아나고 조직이 활성화되는 경우가 많습니다. 그동안 홀대 받던 사람들이 숨어있던 끼를 발휘하고 점점 성장함에 만족도도 높아집니다. 조직이 사막에서 숲으로 변하는 것을 느낄 수 있습니다. 많은 인재가 나타나고, 고성과자가 많이 나오게 됩니다. 저성과자도 평범한 구성원으로 거듭나게 됩니다.

이런 리더를 본받고 싶습니다. 우리 리더는 어떤 타입의 리더일까요? 자세히 뜯어보고 분석해 보세요. 숲형 리더인가요? 그럼 행복하신 것이고. 사막형 리더인가요? 그렇다면 자신이라도 사막화되지 않도록 조심하면 됩니다.

회사,
언제까지 다녀야 할까?

가끔은 나이가 남들보다 조금 더 먹었음을 잊어버릴 때가 있다. 마흔 중반을 넘어서부터는 일부러 내 나이를 세지 않았던 것 같다. 오십이라고 하면 세상의 이치를 다 알고 뭔가 원숙하며 성공의 피크에 있을 것 같은데, 마음은 아직도 미완성투성이의 일상 속에서 계속 쳇바퀴를 도는 기분이 들 때가 많기 때문이다.

주말, 과거에 함께 근무했던 선배님들을 만나 뵈었습니다. 회사에 계신 선배님, 회사 밖에 계신 분도 계셨습니다. 밖에서도 다른 회사의 임원으로 근무하시는 분도 계시고, 회사를 운영하시는 분들도 계셨습니다. 오랜만이라 너무 반가워서 그런지 자연스럽게 술이 여러 순배 돌아갔고, 어느새 술이 술을 마시며 밤이 새는 줄 모르고······.

그분들과 이야기한 주제는 여러 가지가 있었는데, 그중 하나가 '회사를 언제까지 다녀야 하는 것일까'였습니다.

첫째, 정년까지 다닐 수 있으면 다녀야 한다

모인 선배님들 중 많은 수가 다닐 수 있는 만큼 회사에서 승부를 보아야 한다고 말씀하시네요. 왜 그렇느냐고 제가 물어보니, 선배님 왈 나와서 보니 안에서 노력하는 것 이상으로 노력을 해도 잘 티가 나지 않고 바로 수익과 연결시키고 성과를 내기가 너무 어렵기 때문이라고 말씀하셨습니다. 특히 회사를 직접 운영하시는 분은 아직 초반이기도 하지만 안정적이지 않은 미래에 대한 불안이 무엇보다 힘들다 하시더군요. 사장님이 볼 때는 한 달이 왜 이리 빨리 가는지 모르겠고, 휴일이 왜이리 많은지 일할 날이 적다는 말씀을 하셨습니다. 또한 한 달 한 달 자금을 조달하기가 너무 힘들다 하면서 회사에서 안정적으로 월급을 받던 그리움을 토로하셨습니다. 결국 다니는 회사 내에서 좀 더 노력을 기울이는 것이 밖에서 일을 새롭게 하는 것보다 성공 확률로 치면 열 배는 높을 것이라 말씀하셨습니다.

회사 내에서 꼭 임원으로 진급을 해야만 하는 것이 아니라 자신의 일을 가지고 정년까지 근무할 수 있는 실력을 키우는 것이 회사 안에서도 도움이 되지만 결국은 바깥에서 일을 시작하기에도 도움이 많이 된다는 말씀이셨고, 자신이 경험하는 모든 것들을 소중히 여기고 새로운 분야에 과감히 도전하라는 말씀이시네요. 그러면서 회사 내에서 근무하고 있는 저에게 힘을 불어넣어 주셨습니다. 잘하고 있다고……

둘째, 어차피 밖에서 새롭게 시작하려면, 사십 대 초반에 미리 나가서 준비해야 한다

이런 의견을 내신 분들이 두 분 정도 계셨는데, 주로 사업을 시작하신 분들의 이야기셨습니다. 사업을 시작해보니 짧은 시간 내에 승부를 보기보다는 조금 더 일찍 시작해서 중장기적으로 일을 하고 승부를 봐야 하는 필요성을 느낀다고 하네요. 그런 시작을 하는 시기로 어느 시기가 적당할까 여러 가지 이야기를 했는데 핵심은 이렇습니다. 삼십 대는 열정과 패기도 있으면서 밖에서 시작하기에는 최적기이지만 아직은 회사 경험이 부족하고 관련 분야의 네트워크가 아직 약하며, 오십 대는 회사 경험과 네트워크는 풍부하지만 시간적으로 많이 늦은 감이 있기 때문에 사십 대가 열정, 경험, 네트워크, 시간을 고려한 최적 시기라는 말씀이셨습니다. 저는 벌써 늦었네요. 둘째 방법은 저에게 잘 맞지는 않지만 후배님들에게는 말해 줄 수 있는 방법이네요.

셋째, 때는 내가 정하는 것이 아니라 회사가 정하게 되니 기다려야 한다

회사 내에서는 본인이 기회를 만드는 것보다는 회사와 환경에 의해 기회가 만들어지거나 주어지게 된다고 하네요. 그렇기 때문에 언제 회사를 나가야 할지에 대한 고민을 할 필요가 없다고 하네요. 회사 생활이라는 것이 너무나 많은 변수가 있기 때문에 자신의 의지보다는 주변에 의해 결정되는 것이 우선시된다는 말씀이셨습니다. 그중 한 분은 회사 밖에 나가기 전까지는 회사에서 중책을 맡고 있었지만 갑자기 자리가 없어지면서 타스크 등을 진행하다가 회사에서 약간의 지원을 받고 회사를 나오게 되었는데 회사를 나오기 이삼 년 전만 해도 미래가 그렇게 바뀔지 몰랐다고 합니다. 아등바등하지 않아도 그냥 회사 생활에 적응하다 보면 자연스럽게 나갈 사람은 나갈 기회가 오게 되니, 미리 걱정하거나 준비할 필요가 없다는 말씀이셨고, 그래도 되겠구나 하는 마음도 들었습니다. 이것도 회사 생활하는 직장인들에게 필요한 방법 중의 하나라고 생각이 들었습니다.

그래서 마지막으로 옆에 있는 와이프에게 물어봤습니다.

그랬더니 와이프는 솔직히 말해 주네요. 집안에서 보면 정년까지 다니는 게 제일 좋아요. 하지만 무엇보다 잊지 말아야 할 두 가지가 있다고 말해주네요. 그중 하나는 건강에 치명적인 역할을 하는 직종이라면 바꿔줘야 한다는 것이고, 나머지는 근무를 하면서 스트레스가 계속 쌓이는 직장이고 자신과 맞지 않는다면 정년을 주장할 필요가 없고 하루라도 일찍 나하고 맞는 직장 아니 직업을 찾고 보람도 찾을 수 있어야 한다는 것이라고요.

완전한 해답은 아니지만 잠시라도 언제까지 직장을 다녀야 할지 생각해 보았습니다. 이런 생각의 시간이 회사 생활을 더욱 알차게 해 줄 수 있다고, 저는 확신합니다. 무엇보다 중요한 것은, 선배님들께서는 각자의 방법대로 각자의 위치에서 열심히 근무하고 계시더군요. 그것이 가장 중요한 것이 아닌가 합니다. 저도 제 위치에서 열심히 근무하도록 다짐해 봅니다.

chapter 04

맹장 밑에 맹졸 나고,
명장 밑에 **명졸** 난다

다정한 **멘토**,
그리고 훌륭한 **멘티**

품질팀장으로 온 지 2개월째이다. 하루하루가 폭탄 같은 생활이다. 한 개의 문제를 해결하고 나면 두 개의 문제가 쏟아져 들어온다. 와~ 뭐 이런 게 다 있지? 연구소에서 17년간 근무하다가 품질팀장으로 발령받고 잘 해 나갈 수 있을까 고민은 했지만 이 정도일 줄은 상상도 못했다. 왜 품질팀장님들의 팀장 평균 보임기간이 1.5년인 줄 이제야 실감한다.

다음 주면 출하해야 하는 물건들이 산적해 있고, 아직도 패널과 모듈은 계속해서 생산 중이다. 금주 내에 해결책을 내야 하기 때문에 연구소의 도움이 필수적인데 연구원들을 움직이기 쉽지 않다. 출하를 책임지는 파트장은 품질이 되지 않기 때문에 절대 출하 불가를 외치고 있고, 아침 리더회의에 들어가면 생산담당 상무님께서 빨리 해결책을 강구해 출하 일정을 맞추라고 하신다. 진퇴양난이라고 했던가⋯⋯. 머리가 깨질 것 같다. 품질을 잡고 가려면 출하 시간을 맞추기 어렵고, 출하 시간을 맞추려니 품질을 잡아야 하겠고⋯⋯. 이런 상황이라면 어떻

·꾸준한 리더가 똑똑한 리더보다 멀리 간다·

게 해야 할까?

이런 고민에 빠져있을 때 나는 찾아가는 곳이 있다. 생산관리팀의 선배 팀장님이시다. 내가 품질부서 팀장으로 오기 전부터 알던 선배인데 내가 어려울 때면 찾아가 이런저런 이야기를 하고 나면 선배가 경험을 담아 조언을 해주시곤 했던 분이다. 지금의 상황을 설명해 드리고 어떻게 해야 좋을지 조언을 구했다. 선배는 여러 가지 자신의 체험을 말씀해 주셨고 그 말씀을 듣는 동안 불안하고 초조했던 마음이 가라앉았고, 꼭 맞는 해답은 아니었지만 나 자신이 평정심을 찾고 나름의 해법을 찾을 수 있었다. 이런 분이 바로 멘토이다.

여러분은 멘토가 있으신가요?

회사에서 힘들 때, 무엇인가를 물어보고 싶을 때, 앞이 불투명할 때……. 어두운 바다에서 등대와 같은 빛을 비춰주고, 영원한 스승과 같이 혜안을 주시는 멘토가 있으신가요? 있으신 분들은 행복한 회사 생활을 하시고 계시는 것이고, 없으신 분들은 이제부터 만드시면 되니까 너무 염려는 마시고요.

저는 여러 명의 멘토를 모시고 있습니다.

첫째, '선배 멘토'입니다

아무래도 나보다 먼저 경험을 하고, 나보다 어려움을 더 많이 겪으셨기 때문에, 항상 내가 생각하는 것 이상으로 조언을 해 주실 수 있으십니다. 평소 커피도 많이 마시고, 술도 많이 마시고, 이야기도 많이 하고……. 머리가 깨질 정도로 아플 때 이런 분들과 한번 이야기하면 하늘이 맑게 개는 기분이 됩니다. 주로 회사 직면 문제에 대해서 '멘토님이라면 어떻게 하시겠어요?'라고 물어본다. 그러면 나 혼자 생각하는 것보다 한두 가지 해법을 더 가지고 문제에 접근하기 때문에 좀 더 다양한 해법으로 Risk를 감소시킬 수 있게 된다.

선배 멘토에게 배운 말이다.

품질팀장은 최고 품질을 만드는 사람이 아니라, 최고 품질을 최적 시기에 출하하는 것을 업으로 하는 사람이다.

둘째, 회사를 그만두신 '외부 멘토'이십니다

지금은 회사를 그만두시고 밖에서 근무를 하시거나 개인 사업을 하시는 분입니다. 회사에서의 자리가 불안하고 밖으로 눈이 갈 때 외부 멘토들을 만나게 됩니다. 본인이 회사를 옮긴 이야기, 옮기고 난 후 변화된 점, 언제 옮기고 어떤 회사로 옮기는 것이 좋은가? 회사 생활 하는 법, 사람 만나는 법, 관계를 유지하는 법, 인생에서 정말 중요한 것 등……. 본인이 겪으신 경험담을 들을 때면 정말 가슴에 비수가 꽂히듯이 팍팍 꽂혀 오고, 머리가 망치로 얻어맞은 것처럼 멍해지기도 합니다.

한 번, 두 번 회사에서 흔들릴 때, 이런 분들을 만나면 오히려 힘이 되고 역시 회사 생활이 최고라는 생각이 들었습니다. 그리고 어떤 분들은 진짜 퇴사해서 이런 분들한테 도움을 받아 취직을 하기도 합니다. 평소, 자주 만나 뵈어 시간 투자를 해 놓으셔야 합니다.

제가 모시는 외부 멘토님께서 저에게 항상 해 주시는 말씀입니다.

회사 그만두면 나한테 와!

·꾸준한 리더가 똑똑한 리더보다 멀리 간다·

내가 언제든지 좋은 데 소개해 줄 테니까 말이야.

말만 들어도 회사 생활이 활기차지고 자신감이 한층 업그레이드됩니다.

셋째, '마음의 멘토 책'입니다

이제 고참이 되고 나니 주변에서 선배 멘토를 찾기가 그리 쉽지 않습니다. 외부 멘토들도 전화는 자주 드리지만 자주 만나서 이야기하기가 역쉬~ 쉽지 않습니다. 맡은 일의 무게감도 더하고, 마음으로 고민해야 하는 일이 많아지는 요즘 진정한 멘토를 만나기가 어렵고 그러던 중 제가 찾은 멘토는 다름 아닌 책이었습니다. 혼자서 언제든지 만날 수 있습니다. 새벽이나 저녁 늦게나 내가 고민하는 것을 쏟아부을 수 있습니다. 푸~욱~ 몰입하여 여러 권의 책을 읽다 보면 불현듯 나의 고민에 대한 답을 해 줍니다. 아하~ 그렇지, 그러면 되겠네, 왜 이런 생각을 하지 못했을까? 이런 경험을 하게 됩니다. 명확한 답은 아니지만 문제해결의 시초, 실마리를 준다고 할까?

책을 읽다 보면 멘토로서 이야기해 주는 말이 있습니다. 정말 간절하나 박 팀장? 몰입하고 있나 박 실장? 이 어려움을 피해가고 싶나? 핵심이 무엇이지? 그렇다면 어떻게 풀 수 있지? 언제까지 가능하지? 정말 불가능한가?

회사 생활을 하다 보면 누구나 어려움에 직면하게 됩니다. 물론 혼자서 모든 것을 잘 헤쳐 나가는 사람도 있습니다만, 멘토의 조언을 첨가해서 여러 가지 조건을 검토 후 결정한다면 혼자 결정할 때보다는 실수가 적고, 혼자 할 때보다는 보다 나은 최선의 결정을 하게 되지 않을까 합니다.

회사 내부에서 멘토를 찾도록 하십시오. 외부 멘토와의 연결도 소홀하지 않도록 하십시오. 사람과의 만남이 부담스러우신 분들께서는 멋진 선배의 경험담이 쌓인 책 멘토를 만나도록 하세요.

멘토가 없으세요?

지금 부서의 장, 아니면 이전 부서의 장이면 어떨까요?

자신이 모셨던 예전 상사분을 외부 멘토로 만들어 보시는 것은 어떠세요. 그래도 어렵다면 저를 활용해 주셔도 되고요, 저에게 문의를 해주시면 멋진 책 멘토도 소개해 드릴께요.

회사를
이끌어가는 리더들

       회사 생활을 하다 보면 구성원으로 있을 때는 구성원이 가장 어렵고 풀기 어려운 일을 한다는 생각이 들었고, 중간 관리자로 있을 때는 윗사람보다는 일을 많이 하면서 책임은 없게 되고, 아랫사람에게는 존경은 못 받으면서 책임은 떠안게 되는 위치라, 아예 밑이나 위가 낫지 가운데 위치가 가장 힘들다는 생각이 들게 됩니다. 하지만 리더가 되면 구성원 때나 중간관리자 때 느끼지 못했던 중압감을 느끼게 되고 그 무게는 실로 경험해보지 못한 사람들은 이해하지 못하게 됩니다.

그만큼 리더의 자리가 참 어렵다는 생각이 듭니다. 분명히 그 자리에 있을 만한 능력이라서 아니면 다른 대안이 없어서 그 자리에 임명된 것일 텐데, 구성원들에게 또는 동료들에게 인정받고 생활하기는 정말 힘든 것 같습니다.

제가 회사 생활 24년을 하면서 거쳐왔던 리더들입니다.

·설렘있는 직장, 울림있는 리더·

박**, 이**, 홍**, 박**, 하**, 류**, 이**, 임**, 정**, 이**, 김**, 한**, 김**

하나같이 뒤돌아 보면 각각의 리더들은 각자의 주특기가 다 있었고 각자의 리더 색깔이 다 달랐습니다.

그분들을 크게 3가지 유형으로 나누어 봤습니다.

첫째, 강력한 리더십 스타일

정말 열정을 갖고 업무를 추진하시는 분들입니다. 그분은 자신이 없으면 회사가 안 돌아 갈 것같이 생각하고 행동했습니다. 그런 이유로 구성원들에게도 그런 마음과 행동을 원하는 경우가 대부분입니다. 또한 이런 분들은 더 윗분들에게 강력한 지지력을 얻어내고 내부에 어떤 적도 제압해 버립니다. 끊임없이 구성원들을 독려하고, 주말도 상관없이 업무를 추진하고, 문제가 나와도 과감한 인원 투입으로 금방 해결해 버립니다. 이런 분들은 회사에서도 회사를 나와서도 끊임없는 러브콜을 받고 또는 개인사업을 하면서 성공의 길을 가는 경우가 많습니다. 이** 사장, 박**, 하** 사장이 되어 있으시네요……

이런 타입의 리더분들은 일의 추진력은 뛰어나지만 동전의 앞 뒷면처럼 단점도 가지고 있습니다. 강력한 지휘력과 보스의 지지에 힘을 얻고 있기 때문에, 항상 강력한 리더십을 추구하고 그로 인해 구성원들, 관련 부서 사람들, 또는 동료들에게 너무 심한 상처를 주는 경우입니다. 강력한 리더십을 유지하기 위해서는 자신의 노선과 맞지 않는 사람들 중 몇몇을 시범적으로 다른 곳으로 보내버리기도 하고, 심할 경우 회사를 그만두게 하기도 합니다. 하지만 상황이 지속적으로 잘될 수만은 없기 때문에 상황이 어려워질 경우 본인도 그 자리를 유지하지 못하고 자신의 자존심 때문에 버티지 못하는 경우를 봤고, 순간적으로 잘될 수 있지만 장기적으로는 본인도 그리 잘되지 않는 경우가 많았습니다.

강한 리더십이라도 바로 아래 허리 급 리더들에게 진심으로 지지를 받고, 또한 그들을 있는 동안 무한성장시키는 분들은 회사를 나가셔도 편안하게 후배들과 만나고 혹은 새로운 회사로 후배를 데려가서 함께 근무하기도 하지만, 이렇게 직위를 이용해서 심하게 몰아쳤던 상사는 회사를 나간 다음에 만나게 되더라도 후배들이 바빠서(?) 함께 식사 한 끼 하기 힘들더라고요. 저도 시간 내기가 그리 쉽지 않더라고요.

둘째, 논리적이고 이성적인 리더십 스타일

많은 지식을 갖고 있고, 구성원들에게 끊임없이 업무를 가르치고, 꼼꼼한 편입니다.

제 기억으로는 이 부류의 리더들이 회의를 참 좋아하시는 경우가 많더라고요. 자신의 지식을 풀어주는 경우도 있고, 구성원들의 이야기를 많이 듣고 싶어하기 때문입니다. 이런 분들을 모실 때에 저는 보고서 쓰는 능력, 말하고자 하는 것을 PPT로 표현하는 능력이 많이 키워진 것 같습니다. 보고서를 쓸 때 선택하는 단어와 글자 폰트나 여백까지 신경을 써야 했고, 원하는 보고서를 만들기 위해서 일곱 번이나 상사에게 퇴짜를 맞았던 기억이 아직도 있고요. 보고하기 십 분 전까지 파워포인트를 수정했던 기억도 나는군요.

이분들은 대체적으로 그 위 상사들에게 적극적인 지지는 받지 못하더라고요. 업무는 똑 부러지게 하는데 아주 혁신적인 도전은 많이 안하시고 주로 안정적인 업무를 하기 때문입니다. 안정된 조직에서 일정 수익이 나는 사업을 할 때 빛이 나게 됩니다. 반면 새롭게 시작하는 신사업 쪽에서는 강력한 리더십을 가진 분들에게 세력이 밀리는 경우가 있습니다. 이런 분들은 회사를 그만두셔도 다른 회사에 들어가서 일을 하시는 경우가 대부분이더라고요. 또한 구성원들과 사이가 좋았기 때문에 지속적인 관계를 유지하면서 지내는 경우가 많습니다.

셋째, 자상한 리더십 스타일

사람의 마음을 움직여서 일을 하게끔 만드는 이상적인 리더라고 책에서 말하더군요.

이런 분들은 정말 모든 의사결정의 중심에 사람과 구성원이 있습니다. '어떻게 저런 분이 있을까?' 할 정도로 좋은 리더형입니다. 하지만, 이상과는 다르게 현실에서 이런 분들은 리더로서는 그리 성장하기 못하더라고요. 그 위 상사의 시선으로 볼 때 업무 추진 속도가 느리고 구성원들을 독려하지 못하는 것이 큰 단점으로 인식되고 그 부분에 대한 변화 요구를 많이 받지만 일보다는 사람이 우선이기 때문에 그 천성이 고쳐지지는 않습니다.

이런 분들은 조직에 묶여서 관련 부서의 이해관계가 얽힌 곳에서 일하는 곳에는 적합하지 않기 때문에, 밖에서 개인위주의 업무를 진행해가는 개인사업을 하는 경우가 많았던 것 같습니다. 이런 분들은 밖에서 혼자서 주로 일을 하기 때문에 그리 큰 일을 하지는 않지만, 후배들과도 지속적으로 만나고 개인의 생활에 행복을 느끼고 후배들에게도 행복을 나눠주면서 살아가고 계시더라고요.

세 가지 유형을 말씀 드렸지만, 어느 것이 좋다고 말할 수는 없습니다.

개인의 성격에 따라 차이가 나기도 하지만, 사업 환경, 구성원들의 특성과 자질, 관련 부서와의 시스템 완성도 등이 차이가 나기 때문입니다. 제 경험상 한쪽에 100% 치우쳐서 리더십을 사용하는 리더보다는 세 가지 유형의 리더십을 상황에 따라 달리 사용하는 리더가 많았습니다. 리더라면 당연히 그런 능력을 가지고 있기 때문입니다.

그렇다면, 과연 어떤 리더와 일하는 것이 구성원들에게 좋을까?
자신이 힘들고 게으르고 다른 곳에 갈 생각이 있을 때는 어떤 리더를 만나더라도 배울 것이 하나도 없게 됩니다. 하지만 자신이 적극적이고 긍정적으로 준비되어 있고, 배우고자 하는 마음이 뜨거울 때는 아무리 힘든 리더와의 생활도 자신을 업그레이드시키는 기회로 전환시키게 됩니다. 어떤 리더와 일하는 것이 나에게 잘 맞느냐가 아니라 내 자신이 어떤 마음으로 있느냐가 더욱 중요하다는 것을 느낄 수 있었습니다.

'리더의 타입이 아니라, 나의 자세가 더 중요하더라고요.'

전략적 **급소**
그리고 **고수!**

회사에서 가끔은 이상한 생각이 들 때가 있다.
일도 잘 안 하는 것 같고, 동작도 느리고, 후배 사원들만 시켜먹는 나이든 선배들이 왜 이렇게 많을까? 조직을 활성화시키고 적극적인 팀으로 만들기 위해서는 월급이 높은 느릿한 고참보다는 월급이 한참 낮으면서도 활기찬 신입들이 많아야 하는 게 아닌가 하는 생각을 한 적이 있다.

30년 넘는 부장 한 사람을 내보내면 신입사원 두 명을 쓸 수 있는데 왜 그렇게 하지 않을까? 인사에서는 이런 명목 아래 고참 사원을 정리하고 신입을 뽑으려고 하지만 24년간의 경험을 보면 이러한 고참이 없거나 부족한 팀일수록 회사에서의 활력은 늘어날지 모르지만 효율적인 성과를 내지 못하는 경우가 많게 됩니다. 고성과를 내는 팀은 고참과 신참이 잘 어우러져 있어야 한다는 것입니다.

왜 그럴까?

왜 경험이 많은 고참이 필요할까?

바로 고참들은 직장에서의 '전략적 급소'를 알고 일을 하기 때문입니다.

전략적 급소?

전략적 급소라고 하면 첫 번째로 적벽대전이 떠오르네요. 조조가 공명, 주유, 방통의 연환 계와 화공으로 준비해간 모든 배를 잃고 도망가는 상황에서 도망가는 요소요소에 공명은 조자룡, 장비, 관우 등을 매복 배치하여 조조의 패잔병들을 효과적으로 제거하고 조조의 목숨까지 노렸습니다. 물론 조조의 목숨은 최종 관우가 일부러 목을 베지 못해 끝내지 못했지만, 공명의 전략적 급소를 선점하고 조조 군을 대응하는 장면은 감히 삼국지의 절정이라 할 만합니다. 적벽대전이란 영화로도 만들어져서 상영한 적이 있고 저도 감명 깊게 봤습니다.

두 번째로는 KBS가 처음 송신탑을 설치할 때 일입니다. 가장 큰 고민은 위치를 어디로 정하느냐 하는 것이었습니다. 아무리 고민해도 답이 나오지 않자 일본에서 전문가를 불렀습니다. 하지만 그들은 일할 생각은 하지 않고 내내 놀기만 하는 것처럼 보였습니다. 그런데 마지막 날 기가 막힌 결과를 내놓았습니다. 그들이 송신탑 설치 지점으로 선택한 곳은 조선시대 봉화가 설치되어 있었던 곳입니다. 우리나라의 지리적, 전략적 급소를 다 파악하고 있었기 때문에 가능한 상황이라고 봅니다. 아마도 일제시대 중요 산에 말뚝을 박아놓은 것도 이런 의미를 악용한 사례가 아닐까 합니다. [참조-잠들기 전 10분이 나의 내일을 결정한다, 한근태]

마지막 유리문 이야기입니다. 장사를 하시는 고모님께서 어느 날부터인가 문에서 소리가 나고 문이 잘 안 닫힌다고 하시면서 문을 다시 맞추느냐 아니면 문턱 부분을 다시 공사하느냐 하는 고민을 하고 있으셨습니다. 유리문 아래위로 스테인리스가 있는 문인데 제가 보기에는 스테인리스가 녹이 슬어서 그런 것으로 봤습니다. 그러기를 며칠이 지났습니다. 결국은 문이 바닥에 끼어서 닫히지 않는 상황이 발생했습니다.

유리문 설치 전문가를 불렀습니다. 어찌해야 하는지?

그 전문가는 의자를 놓고 문 위쪽 고정 나사를 몇 바퀴 돌리기 시작하자 바닥에 끼었던 문이 곧 자유로워졌습니다. 기울임을 조절하는 고정나사를 돌려서 밑으로 심하게 처진 문을 살짝 올린 것이었습니다. 수선한 시간은 채 5분도 되지 않았지만 문의 기울어짐의 급소를 정확히 짚어낸 것이었습니다. 그리고 출장비 8만 원! 하지만 문을 새로 하는 비용에 비하면 만족할 만한 결과였습니다.

전략적 급소를 아는 것이 이렇게 효과적으로 일을 할 수 있는 것입니다. 전략적 급소를 알기 때문에 무데뽀로 덤벼드는 신입사원보다 헛힘을 쓸 필요가 없게 되고 시간적인 여유가 있게 되고 노는 것처럼 보이는 것입니다. 우아한 백조의 모습처럼 보이지만 수면 밑에서 열심히 고민하는 그런 모습이 바로 네크과제 해결에 효과적이기 때문이다.

열 가지 일을 열심히 진행하더라도 한 가지 일이 병목에 걸리게 되면 전체적인 효율은 병목 지점의 크기와 속도에 영향을 받게 됩니다. 일이 잘 진행되고 해결돼야 한다는 것은 이 병목이 병 몸이 되어 몸통과 차이 없이 흘러가야 한다는 것입니다. 이러한 부분을 잘 파악하고 그 부분을 효과적으로 미리 대처하고 준비할 수 있는 것이 바로 고참의 식견이자 체험이자 전략적 급소인 것입니다.

이처럼 '고수'들은 세상이 돌아가는 메커니즘과 패턴을 알고 있기 때문에 전략적 급소를 잘 찾고 멋진 해결책을 내놓습니다. 그리고 그에 걸맞은 대접을 요구하고 또 그에 맞춰 대접을 받아야만 합니다. 직장에서 고참이 바로 '고수'입니다.

한 가지 더, 피카소 이야기도 들어보시죠. 어느 귀부인이 피카소에게 자신을 그려 달라고 했습니다. 피카소는 그 부인의 모습을 캐리커처로 단 5분만에 그려 주었고 부인도 만족해하는 눈치였습니다. 가격이 얼마인지 묻자 피카소는 5천 달러라고 답했습니다. 귀부인은 "아니 5분에 그린 그림이 5천 달러라면 너무 비싼 것 아닌가요?" 피카소가 말했습니다.

"당신이 보실 때는 5분이지만 저는 50년 이상의 노력과 연습을 해서 얻은 결과입니다."

피카소의 마지막 말이 바로 전략적 급소의 핵심이자 고참이 가진 것을 잘 표현하는 말인 것 같습니다. "당신이 보실 때는 5분이지만 저는 50년 이상의 노력과 연습을 해서 얻은 결과입니다."

적벽대전에서 공명이 쓴 전략은 한순간에 나온 것이 아니라 천재적인 머리로 수십 년간 공부해온 결과가 나온 것이며, 일본 컨설턴트에 대한 비용은 답을 고민한 그 일주일에 대한 보상이 아니라 수십 년간 우리나라를 연구해온 기술자의 경험이 포함된 컨설팅 비용을 받은 것이고, 문 수리 기술자의 출장비는 수리시간 5분에 대한 가격이 아니라 수십 년, 수백 가지 문 고장을 수리한 경험이 포함된 가격이라고 보시면 될 것 같습니다.

회사 고참도 마찬가지 아닐까요?

지금 일하는 8시간이 신참이 일하는 8시간이 아니라, 30년간의 경험을 가지고 거기에 플러스 8시간을 일하는 것이며, 전략적 급소를 이해하고, 병목을 병 몸처럼 넓혀 성과를 높이는 일을 하기 때문에, 신입사원보다 월급을 많이 받고 연봉이 높게 책정되는 것입니다. 이제 왜? 고참이 월급이 높은지 아셨죠?

나이 든 선배, 실험하지 않고 말만 많이 하는 선배, 집중력이 떨어지는 선배, 체력과 민첩성이 떨어지는 선배만 보지 마시고 산전수전 다 겪은 선배, 예전에는 나보다 더 날렸던 선배, 묵묵히 조직을 위해 밑받침이 되어주는 선배, 가끔은 전략적 급소를 찾아주는 선배, 인생 2막을 먼저 시작하고 나를 이끌어 줄 선배로 보시면 어떨까요?

손자병법에서 배우는
리더의 역할!

리더들끼리도 여러 가지 이야기를 나눌 기회가 있습니다. 과연 어떤 리더가 올바른 리더일까요? 어떤 리더십을 잘 활용하고 부족한지 서로 이야기하는 그런 자리에 갔습니다. 물론 회의실에서보다는 술자리에서 한잔씩 들어가면 맘에 있는 솔직한 심정을 털어놓는 리더가 있고, 그러면 각자 봇물 터지듯이 각자의 취향을 이야기하곤 합니다. 선배 리더들에게 피드백을 받는 것은 실질적으로 그리 많지는 않습니다. 단지 그들이 보여주는 리더십을 배우고 가끔 요구하는 사항으로 상사가 추구하는 리더십이 뭔지 맞춰가며 배우는 것이 나의 리더십의 전부인 것 같습니다.

이런저런 리더십 중에서 과연 이상적인 리더십은 무엇일까?
한 분께서 손자병법의 케이스를 이야기하면서 리더십을 설명해 주셨는데 가슴에 팍팍 와 닿아서 공유해 드립니다. 36가지의 병법이 전해지고 있고, 과거 싸움에 임하는 장수 또는 전략가의 입장에서 알아야 할

·설렘있는 직장, 울림있는 리더·

것으로 기록되었지만 현재는 리더가 알아야 할 내용으로 해석을 해도 전혀 어색하지 않네요.

손자병법 에서는 무조건 싸워서 이기라고 말하지 않습니다.

물론 전투에 임하면 완전히 승리를 하라고 주문합니다.

"싸움에 임하면 이겨야 합니다.

그보다 한 수 위는 싸우지 않고도 이기는 것이며,

또 그보다 한 수 위는 적이 싸울 생각을 못하게 하는 것입니다."

또 한 가지 명심할 것은 '이길 수 없는 싸움에는 나가지 말라'라는 것입니다.

회사 생활도 마찬가지입니다. 리더는 정확한 상황 판단으로 주어진 미션을 완료해야 합니다. 직접 지휘하기도 하고 위임의 기술을 활용하기도 하고 자율적으로 진행되는 것을 관망하기도 하면서 조직을 이끌어 가고 그 결과로 높은 성과를 내야 합니다.

가장 초보적인 리더는 모든 일을 자신이 하려고만 하는 리더입니다. 구성원들 전체를 아우르는 것이 중요한 리더의 덕목인지를 모르는 경우입니다. 그리고 항상 다른 부서와 다툼으로서 자신의 역할을 두드러지게 하려고 하는 리더입니다. 제 경우를 보게 되면 리더로서의 처음 2년 정도가 이 기간이 아닌가 생각됩니다. 새로운 업무를 맡게 되면 배우면서 팀을 리딩해야 하기 때문에 많은 충돌로 체험하는 단계입니다.

그보다 나은 리더는 적절히 위임하면서 모든 것을 지시하고 챙기는 리더 형입니다. 전체 업무를 파악하고 있기 때문에 주로 업무 지시형으로 모든 일을 챙기는 리더입니다. 이 경우도 아직은 리더가 주로 이끌어

가는 경우이기 때문에 리더보다 나은 의견이나 아이디어가 나오기 어려운 경우가 대부분입니다. 리더는 대외적인 업무에 있어서는 주도적으로 나서서 다른 팀과의 업무도 챙기고 협상도 하는 리더입니다. 솔선수범으로 좋아 보이지만 결국 구성원들의 성장을 막게 되는 단점이 있게 됩니다.

그보다 한 수 위는 지시하지 않아도 알아서 보고하고 업무를 진행하도록 시스템적으로 꾸며놓는 리더입니다. 처음 목적과 목표를 명확히 공유하고 중간중간 정해진 기간에 진행 사항이나 결과만을 체크해도 되는 조직이 되겠지요. 팀원들이 자율적으로 일정과 성과를 챙겨나가기 때문에 자유도가 높고 행복도가 높게 되겠지요. 자율적 업무 리딩을 통해 성장도 함께 따라가게 되겠지요. 개인의 성장과 조직의 성장이 함께 이루어지는 조직으로 고성과는 미리 정해져 있게 되지요.

리더는 조직을 맡으면 어떠한 일이 있어도 목표를 달성하여야 합니다. 그보다 한 수 위는 조직원들이 자발적으로 목표를 달성하도록 하는 것이며, 또 그보다 한 수 위는 시스템적으로 조직이 움직여 개인과 조직이 함께 성장하도록 하는 것입니다."

명심할 것은 '성과를 만들어 낼 자신이 없을 때에는 리더로 나가지 말라', '전문가 or 팔로워로 가라'라는 것입니다.

고전은 정답이 없습니다. 누구나 느끼는 대로 해석하고 자신의 상황에 빗대어 배우고 실천할 수 있다는 것입니다. 내용이 중요한 것이 아니라, 자기 것으로 해서 실천으로 연결하는 것이 중요하다고 봅니다. 고전

· 설렘있는 직장, 울림있는 리더 ·

한 문장이라도 읽으시고 그중에서 한 가지라도 뽑아내고 실천하는 하루가 되었으면 좋겠습니다. 진급 발표가 있는 시즌이라 축하하는 자리가 많이 있을 줄 압니다. 회사 생활의 꽃이자 결정판이 승진이라는 것으로 말할 수도 있습니다. 하지만 크게 보면 그리 큰 차이는 아니라고 볼 수 있습니다. 회사 생활 30년 정도를 목표로 하는 사람이라면 한 해두 해 빠르고 느림에 일희일비하실 필요 없습니다. 묵묵히 한 해 두 해지나다 보면 어느 순간 다가오는 것이 진급입니다.

경험을 해보니, 애타게 쫓으면 달아나는 것이 돈이고, 진급입니다.

칠거지악(七去之惡)과
칠거지약(七去之藥)!

　　　　　금요일이 되면, 일부 사업부는 가정의 날이라 일찍 퇴근하는 직장 문화가 있습니다. 일찍 퇴근해서 가족과 함께 또는 자신을 위해 좋은 시간을 갖기 바랍니다. 요즘은 가정에 소홀히 하게 되면 이혼사유가 된다고 하니 가정에 충실하시기 바랍니다. 조선시대에는 여자들이 칠거지악으로 쫓겨났었는데, 요즘은 아마 남편들이 더 많이 쫓겨나지 않을까 모르겠네요.

칠거지악(七去之惡)

아내를 내쫓을 수 있는 권리가 부여되는 일곱 가지 나쁜 행동

1. 시어머니에게 순종하지 않는 경우
2. 아들을 낳지 못하는 경우
3. 바람을 피우는 경우
4. 질투하는 경우
5. 좋지 않은 병이 있는 경우

·설렘있는 직장, 울림있는 리더·

6. 말을 함부로 하는 경우

7. 도둑질하는 경우

시부모를 잘 섬기지 못함은 불효의 표현이고, 아들이 없음은 가계계 승의 목적을 달성하지 못하는 일이며, 부정한 행위는 혈통의 순수성을 지키지 못하는 일이고, 질투는 축첩제의 유지에 방해 원인이 되며, 악 질은 자손의 번영에 해로운 것이며, 말이 많은 것은 가족 공동생활의 불화와 이간의 원인이 되기 때문이다. [출처-네이버 사전]

회사에서는 칠거지악이 있을까요?

존재하지는 않지만 가상으로 한번 상상해 봤습니다.

특히 리더와 팔로워의 칠거지악 한번 곰곰이 생각해 보았습니다.

칠거지악(七去之惡)

사원을 내쫓을 수 있는 권리가 부여되는 일곱 가지 나쁜 행동.

(뜻은 그렇지만 조심해야 하고 고쳐야 하는 나쁜 행동으로 이해하면 되겠네요.)

[리더의 칠거지악]

1. 리더의 리더에게 순종하지 않는 경우

    자신의 리더의 의중을 잘 파악하지 못하고 잘 서포트하지 못하고 순종하지 않으면서 구성원들에게는 자신을 완벽히 서포트하라고 하고 지시한 사항은 체크해가면서 확인하는 리더라면 별로겠죠?

2. 자신을 대신할 후계자(Successor)를 키워놓지 못한 경우

    회사의 중요한 정보와 필요 양분은 자신이 독식하고 자신을 대신

·꾸준한 리더가 똑똑한 리더보다 멀리 간다·

할 만한 후계자는 두고 보지 못하고 고만고만하게만 구성원들을
구성하는 리더의 경우가 되겠네요.

3. 조직을 떠날 때 다른 부서 사람에게 리더 자리를 넘겨주는 경우

후배 사원을 육성시켜 놓지 않고, 건전지처럼 소모만 해왔기 때문
에 자리를 떠날 때 자신의 자리를 대신할 사람이 없게 되는 경우이
죠. 그러다 보니 새로 충전된 사람을 투입하는 경우가 발생합니다.

4. 다른 팀에 좋은 인재가 많다고 질투하는 경우

일만 시켜서 후배 사원들의 역량을 키우지 못하고 방전만 시키는
자신을 돌아보지 않고 점점 인재가 없어진다고 한탄만 하는 리더
가 되면 안 되겠죠?

5. 건강이 좋지 않은 경우

관련 상사, 동료들과 또는 사원들, 현장분들과 많은 저녁식사 및
술자리가 많습니다. 물론 적당히 해야 하겠지만 늦게까지 함께 하
더라도 아침에 산뜻하게 출근하고, 오후에 자리에서 졸지 않을 체
력은 확보해야 하겠습니다.

6. 말을 함부로 하는 경우

가끔은 후배 사원이 마치 자신이 부리는 사람으로 생각하고 막 하
대하는 경우가 있습니다. 심하게 욕까지 하는 사람이 되면 안 되겠
죠? 강인하게 키워야 한다고, 후배 사원을 위한다고 말 놓고 험한
말을 함부로 하는 리더의 경우가 되겠네요. 요즘 이런 분들은 없
을 겁니다.

7. 구성원들의 공을 도둑질하는 경우

공은 구성원에게 돌리고 과는 자신이 책임지는 리더가 이상적인
리더라면 힘든 일은 구성원이 모든 공은 자신의 것으로 빨아들이

는 블랙홀 같은 리더가 되면 안 되겠죠.

[팔로워의 칠거지악]

1. 직속 상사가 그 상위 상사에게 항상 깨지도록 만드는 경우
   뛰어난 상사라면 자신이 주도적으로 모든 성과를 만들어 자신이 성공하겠지만, 일반적인 상사들은 구성원들이 제공해준 정보 또는 자료를 가지고 위 사람과 커뮤니케이션하는 경우가 많습니다. 부실한 자료로 서포트하고 당신의 상사가 그 위 상사에게 항상 깨지도록 하고, 그것을 고소해하는 경우는 없는지 모르겠네요.

2. 자신의 상사를 대신할 정도의 실력을 키우지 못한 경우
   시간이 없다, 일을 해야 하는데 언제 역량을 키우나 등…….
   열심히 일하기는 하지만 주어진 일만 처리하기도 바쁘기 때문에 자신을 돌볼 시간은 없습니다. 이렇게 일 년, 이 년, 삼 년이 지나면 실력이 정체되거나 심지어 퇴보되게 됩니다. 그리곤 이렇게 이야기합니다.
   "자리가 사람을 만드는 것이야. 나도 리더가 되면 당연히 그 정도는 하지……."라고요.
   하지만 자리가 사람을 만드는 것이 아니라 준비된 사람이 그 자리에 들어가는 것입니다.

3. 지금 있는 조직을 떠나서 다른 부서만 바라보는 경우
   항상 지금 있는 곳이 가장 힘들어 보입니다. 그리고 저 먼 부서는 행복하고 편해 보입니다. 물 밑에서 바쁘게 움직이는 다리를 보지 못하기 때문입니다. 자신의 다리는 자신이 바쁘게 움직이는 것을 알고 느끼지만 다른 부서 사람들은 우아한 위 자태만 보기 때문입

니다.

4. '다른 팀장은 좋은데.' 하며 질투하는 경우

   항상 팀장에게 불만이 많습니다. 왜 나에게만 더 많은 일을 주는지 이해가 가지 않습니다. 일찍 하면 뭐 하나, 야근하면 되지…… 내일 하면 되지…… 아니면 주말에 특근하면 되지……. '나서면 일만 더 주는데……' 하는 생각에 회의 시, 업무분배 시 리더와 눈을 맞추지 않습니다. 리더와 눈을 맞추지 못하면 회사도 당신에게 초점을 맞추지 않습니다.

5. 야근이나 특근을 할 정도의 체력을 확보하지 못한 경우

   매일 과중한 업무로 가뜩이나 힘든데 저녁에 술로 피로를 풀다 보니 다음 날 피로가 누적되어 업무 효율이 떨어지고, 그러다 보면 야근이나 특근을 해야 하고 또 잘 쉬지를 못하니까 힘든 악순환이 되는 경우가 많이 발생됩니다. 일도 잘하고 저녁에 술도 잘 마시고 자기계발도 잘하고…… 슈퍼맨이 아닙니다. 어느 것 하나는 포기할 줄도, 무엇에 집중할지도 자신이 알아야 합니다.

6. 말을 함부로 하는 경우, 리더를 늘 술안주로 씹는 경우

   리더와 가장 가까이 생활을 하고, 업무도 많이 하다 보니 당연히 리더의 장점과 함께 단점도 잘 보게 됩니다. 그중에서 단점만 강조하고 못하는 것만 가지고 다른 동료와 술 안주로 삼는 경우가 되겠네요. 팀은 가족인데 가족의 단점으로 술안주를 하는 사람은 없겠죠?

7. 도둑질하는 경우

   자신의 시간을 물 쓰듯이 써 버리는 시간 도둑이 되는 것입니다. 시키는 업무만 처리하고, 업무 확장이나 공부도 안 하고, 책도 안

·설렘있는 직장, 울림있는 리더·

읽고 느는 것은 술밖에 없는 그런 경우입니다. 화장실에 수도꼭지가 틀어져서 물이 나오는 것을 보면은 누구나 꼭지를 틀어막습니다. 하지만 직장에서 사용하는 시간은 보이지 않아서 그런지, 수도꼭지로 마구 흘러나오는데도 그냥 생활합니다.

가상으로 상상해 본 것이라 이런 리더들, 팔로워들이 없을 거라고 확신합니다만, 혹시 내가 그런 사람은 아닌지 한번 생각해 보시기 바랍니다. 칠거지악(七去之惡) 아니라 칠거지약(七去之藥)이 되는 그런 리더와 팔로워들이 넘쳐나는 우리 회사가 되었으면 좋겠습니다.

늑대로 변한 양
이야기!

리더 이야기를 할 때 대표적으로 나오는 이야기가 바로 늑대와 양 이야기입니다. 99마리의 양 무리를 이끄는 한 마리 늑대 리더를 가진 조직과 99마리 늑대 무리를 이끄는 한 마리 양 리더를 가진 조직과 결투를 한다면 누가 이길까?

리더의 역할을 강조하는 이야기로 실력과 능력이 있는 한 마리의 늑대가 이끄는 평범한 양 구성원들을 가진 조직으로도 전투에서 승리할 수 있다고 하면서, 좋은 리더가 그만큼 중요하다는 의미로 많이들 사용하고 계십니다. 동의하시나요?

근데 전 좀 다르게 생각합니다. 리더의 관점보다는 구성원 관점에서 해석을 해야 한다고 생각합니다. 요즘은 글로벌적으로 비즈니스 환경 변화가 너무 급변하기 때문에 한 사람의 리더에 좌우되는 것보다 구성원들의 창의력과 실행력이 밑받침이 되어야 변화에 적절하게 대응이 가능하다고 판단됩니다.

· 설렘있는 직장, 울림있는 리더 ·

예전에는 리더 대 리더가 맞짱을 떠서 승부를 결정하는 일도 가끔 있었지만 현재는 다양한 전선에서 다양한 전투가 일어나기 때문에 한 명의 리더에 의해 움직이는 것이 아니라 각자가 상황에 맞게 판단을 해야 하는 상황으로 변해 있다는 것을 알아야 한다는 것입니다. 그래서 저는 조직의 리더가 늑대인가 양인가가 중요한 것이 아니라 조직에 보유하고 있는 늑대의 수가 곧 경쟁력이라는 말씀을 드리고 싶습니다.

그렇기 때문에 조직원들은 자신이 조직에서 평범한 역할을 하는 양이라도 훌륭한 리더인 늑대가 나타나서 우리 조직을 최고의 조직으로 바꿔주겠거니 하는 생각을 버려야 한다는 것입니다. 개개인이 양의 탈을 벗어버리고 진정 힘있는 늑대로 거듭나야 한다는 것입니다. 그렇게 되기 위해 개인의 역량을 극대화하는 노력을 게을리하면 안 되고 힘든 업무와 프로젝트도 잘 헤쳐나가면서 자신을 성장시키고 양의 성질이 아닌 야생에도 살아남을 정도의 강인한 늑대 역량을 보유해야 한다는 것입니다.

강인한 늑대들이 우글거리는 모습, 생각만 해도 섬뜩하지 않나요?

구성원들의 실력과 체력이 이 정도면 어디에 내놔도, 어떤 일을 맡겨도 안심이 될 것 같습니다. 거기다가 그 조직에서 성장한 좀 더 우수한 늑대가 조직을 이끌게 될 때 최고의 성과를 낼 수가 있게 됩니다. 우수한 구성원 그리고 우수한 리더가 만날 때 조직에서 최고의 성과를 이끌어 낼 수 있기 때문입니다.

늑대 리더와 늑대 구성원
늑대 리더와 양 구성원
양 리더와 늑대 구성원

· 꾸준한 리더가 똑똑한 리더보다 멀리 간다 ·

양 리더와 양 구성원

어떤 조합이 최고가 될 수 있을까요?

앞에서 언급한 것처럼 당연히 늑대 리더와 늑대 구성원이 있을 때 최고의 성과를 낼 수 있을 확률이 높게 됩니다. 양 리더와 늑대 구성원이 두 번째가 되고, 늑대 리더와 양 구성원이 세 번째, 양 리더와 양 구성원이 마지막이 되겠네요. 어떻게 생각하세요? 저와 생각을 같이하고 계신가요?

그러면 직장에서 양과 늑대는 어떤 점이 차이가 날까?

양은 아무리 많은 구성원이 있더라도 꼭 목동이 필요하지만 늑대는 누구의 도움 없이 혼자서도 살아갈 수 있습니다. 양은 안정적인 풀(월급)만 제공이 된다면 이리저리 이끄는 대로 움직일 수 있지만 늑대는 안정적인 월급을 준다고 해도 항상 자기가 원하는 먹이를 찾아 동분서주합니다. 그냥 월급만 받아먹다간, 늑대가 아니라 개가 되기 때문이죠.

양은 앞에서 누가 걸어가면 뒤를 졸졸 따라다니지만, 늑대는 각자 맡은 영역을 책임지며 자유롭게 이동을 합니다. 호랑이가 앞에 나타나면 양들은 무서워서 피해 다니고 한 마리 희생자가 나올 때까지 기다리고 감히 대항한다는 생각을 못하지만 늑대들은 조직이 뭉쳐서 대항하여 혼자 있는 호랑이들은 맘대로 늑대 조직에서 희생자를 찾기 어렵습니다.

내가 양의 성질을 가지고 있다면 어떻게 하면 늑대의 기질을 가진 리더 또는 구성원으로 성장할 수 있을까?

·설렘있는 직장, 울림있는 리더·

독자적인 프로젝트를 수행할 수 있는 능력 확보

입사 초기에는 일을 대부분 배우게 되기 때문에 주변의 도움을 많이 받게 됩니다. 하지만 최소 3년 정도가 지나면 일을 배우는 데는 소홀히 하면 안 되지만 너무 의지하지 말고 혼자 해결해 봐야 합니다.

항상 배우는 자세를 갖고 노력하는 습관 유지

회사 생활을 시계 추 왔다 갔다 하듯이 반복적으로 평범하게만 하면서 달콤한 월급만 기대하지 마시고 어제와 다른 나를 만들기 위해 새롭게 도전하는 하루하루를 보내야 합니다. 읽고 배우고 성장하고 해야 합니다.

능동적인 업무 처리 능력 계발

주어진 일만 수동적으로 처리하지 마시고 그 주변의 일도 함께 보시고 능동적으로 일을 찾아 하시기 바랍니다.

과거보다 발전된 성과, 나만의 색깔 유지

선배가 해 놓은 일을 그대로 답습만 하지 마시고 새로운 관점에서 자신의 의견을 더해 과거 조직에서 해 왔던 것보다 조금은 발전된 가능하면 내 능력이 가미된 새로운 결과를 내려고 노력해야 합니다.

역경은 나를 성장시킨다. 아무리 어려운 과제라도 오케이

호랑이와 같은 어려운 과제가 오더라도, 다른 사람이 힘든 일은 맡겠지 하고 기다리지 마시고, 이왕이면 내가 먼저 어려운 일을 맡아서 '해결해 보겠습니다'라고 해 보십시오. 그리고 약간의 도움을 요청하세요.

·꾸준한 리더가 똑똑한 리더보다 멀리 간다·

일이 주어지면 독자적으로 처리할 수 있는 능력을 보유하고, 후배에게도 배울 수 있을 정도로 배움을 항상 가까이 하며, 항상 능동적이며 긍정적으로 회사 생활을 하면서도, 내가 맡은 일에는 나의 의견과 노력이 배어있게 하며, 어려운 일을 도맡아 하는 그런 구성원이 있다면 누가 회사에서 쫓아 낼 것이며 누가 리더로서 막중한 책임을 주지 않겠습니까?

평범하게 직장 생활하는 양들이 시간이 지난다고 자연스럽게 늑대가 되지는 않습니다. 지속적인 자기 계발 노력과 프로젝트 운영 능력을 계발하고 노력해야 변신이 가능합니다. 어려운 과제를 맡으면 맡을수록, 많은 과제를 독자적으로 수행해 볼수록 자신도 모르게 늑대로 성장해 있습니다.

자신을 한번 되돌아 보세요. 근육이 탄탄하고, 눈빛이 날카로우며, 항상 무엇인가에 민감하게 반응하는 늑대형 구성원인지, 내 색깔은 없이 주변에 묻히기 좋아하고 시간이 지날수록 자꾸 살만 찌워가는 편안한 양의 모습인지.

안정적인 양이 되어가고 계신가요, 도전적인 늑대가 되어가고 계신가요?

후배를
짜증 나게 만드는 **리더**

직장을 다니다 보면 여러 가지 리더 타입을 만나게 됩니다. 저도 직속 상사만도 12명이 넘는 리더들을 경험했고 차차 상위자까지 고려하면 이십 명이 넘는 리더들을 경험했습니다. 그중에는 존경하고 싶고 본받고 싶은 특성을 보유하신 분들이 많이 있으셨지만, 가끔은 너무나 짜증 나게 하는 분들도 있으셨습니다. 그래서 오늘은 저를 짜증 나게 만들었던 리더들에게 하고 싶었던 말을 과감히 말씀 드리려 합니다. 혹시 기분 나쁘시더라도 이해해 주세요. ㅋㅋㅋ

첫째, 구성원들의 눈을 똑바로 쳐다봐 주세요

예전에 제가 참 싫어하는 리더가 있었습니다.

그 리더분은 꼭 보고하는 구성원들을 옆에 세워놓고 키보드나 모니터를 보는 버릇이 있었습니다. 옆에서 보고하는 사람과 얼굴을 맞추지 않고 '듣고 있으니 말하라'라는 리더였습니다. 회의 시간에도 발표하는 내용에 주목하지 않았습니다. 무슨 생각을 하는지 알 수가 없었습니다.

그래서 저는 보고하면서 마음속으로 이렇게 말하곤 했습니다. 제가 무엇을 말하려고 하는지 잘 들어주세요, 팀장님. 몸을 바로 세우시고 보고하는 저의 눈을 바라봐 주세요, 실장님. 그리고 맞는다면 고개를 끄덕이고, 틀린다면 이견을 제시해 주세요, 상무님.

하지만 저도 제가 싫다고 말했던 리더와 같이 가끔은 키보드를 치면서 후배들에게 보고를 받곤 합니다. 그러다가 가끔 화들짝 놀라서 키보드를 밀치고 보고자를 똑바로 보곤 합니다. 맘처럼 쉽게 몸이 말을 듣지 않습니다. 단지 노력할 뿐입니다.

몸을 돌려서 믿는다는 눈빛으로 후배 사원을 보도록 하세요.

그럼 자연스럽게 존경하는 눈빛이 되돌아올 것입니다.

둘째, 후배들이 하는 이야기를 다 들어주세요

또 다른 리더가 저를 짜증 나게 하곤 했습니다. 보고를 하는 중간에 가래떡 자르듯이 말을 잘라서 자신이 하고 싶은 말만을 하는 분께서 계셨습니다. 제가 하고 싶은 말은 기승전결 준비를 했는데 "결론이 뭐야?" 하고 묻기만 하는 리더가 계셨습니다. 얼마나 힘들게 과정을 준비했는지 설명하고 싶은데 과정에는 관심도 없고 결과만 챙기시는 분이셨습니다. 보고의 템포가 끊기기 일쑤였습니다. 엉뚱하게 보고가 연결되는 수도 있었습니다. 왠지 보고하고 나면 기분이 찜찜해지는 경우가 대부분입니다. 말하기 싫었습니다. 보고하기 정말 싫었습니다. 하라는 것만 적당히 하고 보고도 대충하고 싶었습니다.

그래서 다짐했습니다. 교육도 많이 받았습니다. 보고하는 사람을 생각하자. 그가 준비한 기승전결 보고 내용을 다 들어주자. 미리 예측하지 말고 보고자가 말하고자 하는 것이 무엇인지 끝까지 들어주자. 다

들고 보고자의 의견을 물어봐 주고, 그리고 나서 나의 의견과 조언을 해 주자고.

회사를 다녀보니 말 잘하는 사람보다는 말 잘 들어주는 사람이 더 좋더라고요. 잘 들어주는 리더에게 구성원들은 이구동성 말합니다. 우리 리더는 '소통의 달인'이라고. 귀를 막고 듣지 않는 리더에게 구성원들은 우리 리더는 쇠귀에 경읽기, '소~똥의 달인'이라고 얘기합니다.

셋째, 혼내고 나서도 후배를 불러서 어깨동무를 하거나 등을 두드려 주세요

회사에서 일을 하다 보면 잘한 것과 잘못한 것이 섞여있을 수 있습니다. 그렇기 때문에 잘 된 것에 대해서는 칭찬을 받을 수 있고, 그렇지 않으면 질책을 받을 수도 있습니다. 질책하는 리더가 항상 나쁜 리더이고 칭찬하는 리더가 항상 좋은 리더라고 말할 수만은 없습니다. 리더라면 잘못한 일에 있어 혼낼 필요가 있을 때는 심하게 혼을 낼 줄도 알아야 하기 때문입니다. 하지만 이상하게 미워지는 리더 타입이 있습니다. 열 개 중 여덟 가지를 잘해도 잘못된 한두 가지에만 집중하는 경우입니다. 리더라면 보고를 받으면서 잘못된 것을 찾아내서 질책을 하지 않으면 안 된다고 생각하는 그런 분입니다. 새로운 것을 찾아내서 개선점을 보고해도 잘했다라고 말하기보다는 왜 이제야 그것을 찾았냐고 질책을 하기 일쑤입니다. 보고를 하고 나면 뭔가 기운이 빠집니다.

기운이 빠졌을 때 어깨를 두드려주고 저녁을 먹으면서 속을 풀어주는 리더와 그렇지 못한 리더로 구분됩니다. 최고는 칭찬을 적절히 하면서 나중에 잘한 것과 못한 것을 함께 이야기해주는 리더이고, 그다음으로는 질책을 하더라도 다른 자리를 빌어서 꼬여있는 마음과 오해하는 마음을 풀어주는 리더이고, 최악의 경우는 밑도 끝도 없이 질책하

·꾸준한 리더가 똑똑한 리더보다 멀리 간다·

고 풀어줄 생각은 하지도 않고 혹시 술자리에 가더라도 계속해서 질책의 연장인 경우입니다.

혹시 내가 어떤 스타일인지 한번 보세요. 칭찬, 적절한 꾸지람 뒤에 어깨에 손을 올려주고 등을 두드려주면서 엉킨 마음을 풀어주는 그런 멋진 리더가 되어보면 어떨까요. 생각해 보세요. 내가 등에 손을 얹어 놓고 부드럽게 두드리는 스타일인지, 등에 우리 조직의 짐을 한껏 얹어 놓고 강력한 채찍만 휘두르는 스타일인지.

넷째, 그리고 부족한 후배가 있어도 끝까지 같이 걸어가 주세요

한 해 두 해가 지나면서 지속적으로 성적이 나오지 않고 능력 향상이 느린 구성원도 있습니다. 그런 경우 제가 싫어하는 스타일은 항상 최고의 사람들만을 뽑아서 활용하려고 하는 리더입니다. 최고의 성과는 최고의 구성원들이 만든다고 하면서 항상 좋은 사람들만 선호하지만 정작 자신이 데리고 있는 구성원들에게는 미래를 위한 역량 향상에 투자하는 것을 허락하지 않는 리더입니다.

자신은 항상 최고의 실력가들만 모아서 최고의 성과를 뽑아 먹기만 하고, 또 다른 프로젝트나 미래를 위해서는 남들이 키워 놓은 그런 사람을 영입하려고만 합니다. 당연히 능력이 떨어지는 구성원들은 자꾸 밀어내는 그런 타입입니다.

저는 과감히 제안 드립니다. 내 조직만이 아니라 전체 조직을 함께 발전시키기 위해서는 중·장기적으로 저성과자도 능력을 키우는 데 시간을 투자하여 키우도록 해야 합니다. 함께 노력하고 함께 걸어가줄 수 있는 그런 리더가 되는 것이 본인을 위해서 조직을 위해서 더 낫다고 말입니다. 저는 리더가 되면 그렇게 하지 않겠다고 다짐했습니다. 현재의 구성원들을 최대한 활용하고 역량을 키워서 성과를 내겠다고, 좋은 사람은 내가 키워서 다른 필요한 조직에 로테이션시키겠다고, 본인이 원한다면 우리 조직에서 성과가 날 때까지 케어하고, 원하는 곳이 있으면 보내 주겠다고.

　내가 구성원들을 만나고, 후배들과 함께 성장하고, 다른 곳으로 가기까지 함께 걸어가는 것, 그것이 평생 연락을 하고 싶은 좋은 리더의 덕목 중 하나가 아닌가 생각해 보았습니다. 그저 단거리 선수로서 단기간에 최대의 에너지를 뽑아내서 성과를 내도록 하는 리더가 되기보다는 중·장거리 마라톤을 끝까지 뛸 수 있도록 함께 뛰는 페이스메이커 같은 리더가 되었으면 좋겠다고요.

나무 같은 리더,
숲 같은 리더

　　　　텔레비전 특집 방송에서 숲의 효과에 대해 설명을 하던데, 나무들의 모임 즉, 숲이 인간의 저항성을 키워주는 효과로 인해 질병 예방의 효과와 그를 통해 장수를 이룰 수 있게 해준다는 것을 여러 가지 사례를 통해 이야기하는 것을 본 것이 기억이 나네요. 숲의 효과와 나무에 대한 이야기를 들으니, 우리 회사가 우리나라를 지켜나가는 숲이 되었으면 좋겠고, 그 숲을 이루는 하나하나의 구성원이자 주축인 나무들이 우리 직장인들, 바로 내가 되었으면 좋겠다는 생각이 불현듯 들었습니다. 우리 사회가 잘 돌아갈 수 있게 신선한 공기를 공급하고 그늘과 냇물을 통해 구성원들에게 휴식을 주며 음지에서조차 각종 버섯류 같은 것들도 제공하듯 사회의 음지에 있는 사람들에게도 역할을 충분히 제공하는 그런 숲과 같은 모습의 회사였으면 하는 마음이 간절히 들기도 합니다.

　그러면, 그중에서 나무의 역할을 통해 본 리더의 역할에 대해 알아보기로 하겠습니다.

첫째, 나무는 숲을 이뤄서 신선한 공기를 제공해 주는 그런 역할을 합니다

조직에 신선한 공기를 제공해 주는 것이 리더의 목적이자 역할이라고 생각합니다. 또한 회사에서 이뤄지는 새로운 조직 문화를 결정짓는 가장 중요한 변수가 리더라고 생각합니다. 구성원들이 아무리 좋은 아이디어를 내고 그렇게 하려고 해도 리더가 싫어하거나 브레이크를 걸게 되면 그 문화는 전파되기가 어렵습니다. 그 예로, 리더가 술을 좋아하는 팀은 술 회식이 많고, 리더가 운동을 좋아하는 팀은 회식도 운동을 하고, 마라톤을 좋아하는 리더는 주말까지 마라톤을 권유(?)하기도 합니다. 저도 책 읽기를 좋아해서 독서를 권유했고, 꿈을 갖자는 꿈 갖기 운동도 추진하고 있습니다.

또한 회사에서 추진하는 문화 전달도 리더가 적극적으로 참여하지 않게 되면 모두가 흐지부지되고 마는 것입니다. 리더가 우선 건강해야 합니다. 리더가 신선한 공기를 제공하고자 하는 강한 의지가 있어야 합니다. 리더와 같은 여러 나무들과 함께 노력하여 조직에 신선한 공기를 불어넣어야 합니다. 나는 조직에 신선한 공기를 주는 리더인가요?

아니면 조직을 갉아먹는 녹슨 공기, 오염 물질을 내뿜는 리더인가요?

둘째, 나무는 건기에는 물을 제공하고
우기에는 물을 품어서 가뭄과 홍수를 예방합니다

조직이 아주 어려울 때 직접적인 역할을 하는 위치가 바로 리더의 위치입니다. 조직이 어려워서 인원을 감축하거나 다른 부서로 보내야 할 때, 일이 너무 넘쳐서 구성원들이 힘들어 도망가고 싶을 때, 다른 부서와 다툼이 발생할 때 등……

저도 인원을 많이 보내 봤습니다. 사업이 어려워지고 매출이 줄면 오

· 꾸준한 리더가 똑똑한 리더보다 멀리 간다 ·

버헤드 비용 비율이 증가하면서 비용 감소 압박을 받게 되고 그 일원으로 구성원들을 신생 사업부로 이동시켜야 하는 경우를 맞이하게 됩니다. 저는 인원을 보낼 때, 가장 우수한 인원들을 선발해서 보내려고 했습니다. 고과도 어느 정도 되고, 어학도 되고, 벨트도 GB이상으로 보내려고 했습니다. 하지만 모두 보낸 것이 아니라 끊임없이 구성원들 역량 향상을 추진하고 준비했습니다. 남아있는 조직에도 인원에 대한 가뭄이 들면 안 되기 때문입니다. 좋은 재목을 보냈을 때 받은 쪽에서 좋은 이야기가 나오고 후배들이 갈 경우가 있을 때 도움이 되는 경우가 많기 때문입니다. 그래서 그런지 저에게 인원을 받은 대부분의 리더들은 만족감을 표현하곤 했습니다. 물론 부작용으로 자주 인원을 보내 달라는 연락이 와서 곤란하기는 했지만 말입니다.

한때는 인원을 보내지 못해서 정체가 된 적도 있었습니다. 너무 많은 고참들과 사람들로 조직이 홍수가 날 수도 있는 경우였습니다. 특히 고참들이 많이 있는 경우, 직접 몸으로 뛰는 인원이 적기 때문에 조직의 활력이 떨어지고 분위기가 다운되는 경우가 많습니다. 이럴 경우, 고참과 신참을 엮어주는 멘토, 멘티 제도를 적극 활용하여 고참의 아이디어와 신참의 신선함을 잘 버무리도록 유도했습니다. 또한 실력이 떨어지는 고참들에게는 미안하지만 고과 베이스를 튼튼히 하도록 했습니다.

리더의 역할에 따라 인재의 가뭄이 날 수도 있고 홍수가 날 수도 있기도 하고 인재의 역량 향상의 기회와 역량 전수의 기회로도 활용할 수 있기도 합니다. 여러분은 인재를 말라 죽게 하는 리더인가요, 인재를 잘 활용해서 숲을 풍요롭게 하는 리더인가요?

·설렘있는 직장, 울림있는 리더·

마지막, 잊지 말아야 할 것은 나무도 숲의 일원이라는 점을 잊지 말아야 한다는 것입니다

여러 가지 형태의 나무들이 얽혀서 살아가고 있는 것이 숲입니다. 절대 혼자서는 숲을 이룰 수 없습니다. 혼자 있다가는 바로 사막화로 인해 자신도 말라 죽게 되어 버립니다. 회사를 다니다 보면 건강한 조직을 운영할 수도 있고, 부실한 조직을 맡을 수도 있습니다. 부실한 조직이라 함은 건강상 문제가 있는 조직원이나 실력상으로 모자란 구성원들이 있는 경우를 말합니다. 이런 경우 여러분께서 리더라면 어떻게 하시겠습니까?

실력이 떨어지고 건강상 문제가 있는 사원들을 바로바로 제거한다?

이론적으로는 실력이 떨어지고 문제가 있는 구성원들을 부서 이동 등으로 제외시키고 유능한 인원들만으로 운영하면 좋은 결과를 얻을 수 있습니다. 맞습니다. 하지만 조직에서는 자신이 원하는 데로 인원을 뽑을 수도 없고, 유능한 사원만을 추려서 데려오는 것도 하늘의 별 따기이기 때문에 실제로는 불가능한 해법입니다. 이러한 사원들에 대한 해법은 숲을 자세히 들여다보면 그 답을 찾을 수 있습니다. 큰 나무들과 작은 나무들 부실한 나무들 심지어 썩은 나무들까지도 이끼나 버섯의 성장터로 잘 활용되면서 어울려 살아가고 있습니다.

리더는 이와 같이 문제가 있는 사원이나 조금 부족한 사원이라도 적정한 위치에서 그들의 역할을 찾아주고 결국은 주된 역할을 하는 나무로 성장시키거나 숲을 위한 일원으로서의 역할을 하게 하는 것이 유능한 리더의 역할이자, 조직을 발전시키는 방법이기도 합니다. 자신만이 우뚝 서고 주변에는 풀도 자라지 못하게 하는 그런 나무가 되시겠습니까? 아니면 여러 가지 잡목과 이끼류, 버섯류와 풀들이 어우러지는 풍성한 숲을 이루는 나무가 되시겠습니까?

중국 춘추전국시대 관자의 권수 편에 나오는 말이다.
일 년 계획을 위해서는 곡식을 심고,
십 년 계획을 위해서는 나무를 심고,
백 년 계획을 위해서는 사람을 기르라는 말이 있습니다.

저는 이렇게 말하고 싶습니다.

일 년 계획을 위해서는 곡식을 심고,
십 년 계획을 위해서는 나무를 심고,
백 년 계획을 위해서도 나무를 심으라고 말입니다.

그 나무들이 자라 숲을 이루고, 그 숲 속에서 뛰어난 재목과 인재가 많이 배출될 것이기 때문입니다. 식목일 나무 한 그루는 심지 못하더라도 나의 마음에 성장의 나무 한 그루 심으시기 바라고 조직이 숲으로 커 가는 데 나만의 방법으로 숲의 일원이 되시길 바랍니다.

최고를 추구하고,
최초가 되고, 최선을 다하라

주말에 구미에 내려가서 와이프가 찾은 의미 있는 식당을 방문하게 되었습니다. 1942년에 시작한 우리나라 최초의 초밥집이 김천에 있어서 오후 느지막이 찾아가 봤습니다. 가게는 김천역 건너편 뒷골목에 있었고 그리 크지 않았습니다. 내부도 들어서니 오른편 홀에는 세 개 테이블이 있고 좌측 마루형 방에도 세 개의 테이블이 있는 정도로 조금은 비좁은 장소였습니다. 하지만 계속되는 주문과 포장되어 가지고 나가는 양을 보니 장난이 아닐 정도로 많은 매출을 내고 있었습니다.

꽤 늦은 오후에 가서 그런지 배가 많이 고팠고, 점심을 바로 끝낸 상황이라 그런지 밥이 떨어져서 우선 어묵탕부터 먹기 시작했습니다. 1942년부터 내려오는 그 방법 그대로라고 하는데 정말 특이한 맛으로 허기를 달랬습니다. 한참을 기다려서 받은 초밥은 김밥, 장어, 새우, 오징어, 생선, 유부 등이 있는 모듬 초밥을 먹었습니다. 요즘 맛에 길들여진 우리 입맛에는 딱 달라붙는 맛은 아니지만 몇 대에 걸쳐서 변하지 않는 그대로의 맛이라 생각하니 그제야 이해가 갔습니다.

무엇이 나를 이 가게로 이끌었을까?

우리나라 '최초'라는 타이틀이 구미에서 김천까지 나를 강력하게 이끈 것이었습니다. 1942년 해방 전부터 한 가지로 일관해서 지금까지 이끌어온 그 정신이 나와 와이프를 이끌었습니다. 그 당시는 초밥이라는 부분이 그리 흔하지 않은 음식이었던 것 같습니다. 하지만 창업자께서는 아마도 국내 최고의 초밥집을 운영하고자 하지 않았을까 합니다. 그리고 그 최초라는 수식어와 함께 최고를 추구하는 창업자의 정신이 지금까지 이어오지 않았을까 합니다.

지금은 조그만 가게이고, 초밥집 체인점도 몇 개 되지 않아서, 우리나라 최고라고 하기에는 조금은 부족해 보이는 것이 사실입니다만, 세월이 흘러가면 갈수록 이 가게가 빛나는 것은 '최고 초밥집' 타이틀이 아니라, '최초 초밥집'이라는 타이틀이라는 것이고 그로 인해 사람들이 아직도 문전성시를 이루는 게 아닌가 합니다.

최고라는 기록은 세월이 흘러가면서 계속 갱신되고 기준과 환경에 따라 바뀌게 됩니다. 하지만 최초라는 타이틀은 백 년이 가도 천 년이 가도 지속되기만 한다면 변할 수 없는 단 하나이게 됩니다. 물론 사업을 시작하는 후배들은 당연히 최고를 꿈꾸고 시작을 해야 합니다. 하지만 최초를 찾는 것도 괜찮은 방법이 아닐까 생각이 들었습니다. 김천의 초밥집처럼 말입니다.

회사에서는 어떻게 해야 할까요?

·설렘있는 직장, 울림있는 리더·

대부분은 기존에 구성되어 있는 일을 하게 되니 기존과 비교해서 개선을 하는 그 분야의 최고를 향해 달려가는 것이 일반적인 회사원들의 일이라고 보면 될 것 같습니다. 최고의 매출, 최고의 영업 이익, 최고로 싼 부품이나 제품 개발 등이 그 결과라고 볼 수 있을 것 같습니다.

하지만, 최고를 추구하는 삶은 회사에서 끊임없이 경쟁을 해야 하는 숙명을 받아들여야 합니다. 과거의 실적을 이룬 선배들을 부정하고 그 선배들의 성과를 뛰어넘는 실적을 내야 하기 때문입니다. 선배들이 이루어 놓은 제품을 더욱 개선한 제품이나 부품을 만들어 내야 하기 때문입니다. 물론 대부분의 직장 생활이 그렇게 해야만 발전할 수 있습니다. 저도 저의 과거 실적이나 기록 등을 모두 갈아치우는 후배를 키워내는 것이 바로 제 임무이기도 하니까요. '청출어람'하는 후배들이 우후죽순처럼 마구 나오는 그런 분위기 말입니다. 그런 분위기로 계속 최고를 바꿔 치는 회사라면 절대 경쟁에 뒤처지지 않을 것 같습니다.

하지만 경쟁에 뒤처지는 것을 넘어서 업계를 앞서가기 위해서는, 최고보다는 최초의 지식, 부품, 제품, 시스템, 조직 등을 만들어 내야 합니다. 과거에는 없던 미래를 준비하는 최초의 무엇을 개발해야 합니다. 그것이 십 년, 백 년이 지나도 살아남을 수 있는 아이디어야 합니다. 최초의 초밥집처럼 말입니다.

내가 지금 하고 있는 일은 무엇을 추구하고 있습니까?

내 분야의 '최고'가 되고자 하루하루 달려가고 있으실 겁니다. 최고가 되지 못하는 어떤 분들은 '최초'가 되기 위해 창의적으로 달려가고 있을 것 같고요. 최고가 되지도 못하고, 최초를 찾는 것이 힘들어하는 분들도 나름대로 '최선'을 다하고 계실 겁니다. 단지 '최면'에 걸린 것처럼 멍하니 앞사람 뒤를 졸졸 따라가지만 않으면 됩니다.

최고가 되십시오.
최고가 되지 못하면 최초를 찾으십시오.
최고 최초를 찾지 못한다 해도 최선을 다하시면 됩니다.

산에 오르는 이유,
직장에 오는 이유

휴일에 시간이 나면 와이프와 항상 뒷산을 다녀오곤 하는데 산행을 하면서 와이프와의 이런저런 이야기가 제 생각을 정리하는 데 도움이 많이 돼서 금요일, 토요일, 일요일 연휴 내내 산행을 했습니다. 산을 오르면서 이런 의문이 들었습니다. '사람들은 왜 산에 오르는 걸까?'

우선은 와이프에게 물어봤습니다. 와이프의 답은 두 가지였습니다. 첫째, 건강이 예전 같지 않아서 건강 회복을 위해서고, 둘째, 와이프가 산에 가야 남편도 함께 산행을 하기 때문이라는 것이었습니다. 결론은 가족의 건강을 위해서 와이프와 남편이 함께 산행을 하는 것이 좋은 방법이라는 것이었습니다. 덕분에 저와 와이프가 함께 건강해지는 것을 제 눈으로 볼 수 있어서 아주 좋습니다.

저에게 물어봤습니다. 저도 육체적인 건강을 위해서 다니는 것이 그 시작이었고, 산을 자꾸 다니다 보니 나만의 재미가 생기고 산을 다녀오면 몸에 있는 묵은 지방이 떨어져 나가는 기분이 들어서 산행을 자꾸

하는 것 같습니다. 또한 좋은 사람과 함께 좋은 공기 마시면서 좋은 시간을 보내는 것이 좋아서 산에 다니고, 나름 목표를 정하고 목표를 달성해가는 나만의 재미를 위해서도 산에 다니는 것 같습니다.

산삼을 캐시는 직장 동료분들에게 물어보기도 했습니다. 산에서 운동을 해서 좋고, 신선한 공기를 쐬니 좋고, 산에서 나는 더덕이나 산삼을 캐서 좋고, 그것을 술로 담아서 좋아하는 사람과 함께해서 좋고……그래서 산에 간다는 것이었습니다. 그리고 하나둘 쌓여가는 술병을 보면서 뭔가 뿌듯한 기분이 들기 때문이라고 했습니다.

세 가지 경우에 대한 공통적인 답을 세 가지로 압축하면

첫째, 건강을 위해서. 둘째, 재미를 위해서. 셋째, 좋은 사람과 좋은 시간을 갖기 위해서인 것 같습니다.

산이 좋은 사람은, 건강을 위해서, 재미있으니까, 사람이 좋아서 시간만 나면 산에 가려고 합니다. 직장 생활도 위 내용을 벤치마킹한다면 회사에 출근하고 싶어지는 그런 직장이 되지 않을까요?

회사원들이 직장이 출근하고 싶어지게 만드는 비결은?

첫째, 우리에게 일용할 양식을 주는 월급도 비결의 한 가지가 될 수 있을 것 같습니다. 둘째, 회사가 재미있다면 출근하는 발걸음이 가벼울 수 있을 것 같습니다. 셋째, 좋은 사람과 함께한다는 느낌이 들면 정말 출근이 그리워질 것 같습니다. 산에서 배운 비결인 재미와 좋은 사람이 있는 회사라면, 회사에 오는 것이 너무 힘든 일이 아니라 정말 보람 있고 재미있는 생활이 될 수 있을 것 같습니다.

예전 추억을 되짚어 보면, 가장 싫었던 직장 생활은 내일 보게 될 상사의 얼굴만 생각해도 몸이 떨리는 그런 경우였습니다. 새벽 7시에 항

·설렘있는 직장, 울림있는 리더·

상 보고를 받던 상사가 있었습니다. 밤새 흘렸던 모델의 상황이나 과제에 대한 해결책을 설명하라는 지시였습니다. 하루 종일 회의에 시달리고 오면 저녁 7시가 넘어서 다시 회의 소집을 합니다. 그리고 하루 종일 진행상황을 확인하고 다시 숙제를 주면서 내일 아침 7시에 보자고 합니다. 그러곤 본인은 기획팀장, 관련 리더와 술자리에 갑니다. 이런 일이 개발을 하는 내내 반복됩니다. 이런 생활을 할 때는 회사에 가기가 정말 싫었습니다. 재미도 없었고, 사람들도 그리 친해질 시간도 없었습니다. 지금부터 십수 년 전 이야기이고 지금 이런 부서와 이런 리더는 없을 것이라 생각됩니다.

그때 이후 나는 그런 리더가 되지 말아야지 하고 다짐에 다짐을 합니다. 조금은 더 강한 리더십을 구사하라고 피드백을 듣습니다. 하지만 아직도 그런 리더가 되고 싶지는 않습니다. 은퇴까지 그런 리더는 되지 않을 겁니다.

산행을 하면서 배운 좋은 리더, 좋은 직장을 꿈꾸고 생활하고 있습니다. 재미있는 회사, 즐거운 회사, 좋은 사람이 많이 있는 회사는 제가 만들 수 있을 것 같습니다. 왜? 제가 먼저 재미있고, 즐겁고, 좋은 동료, 좋은 선배, 좋은 후배가 되면 되니까요.

내가 먼저 재미를 느끼고, 내가 먼저 좋은 사람이 된다면, 우리 부서가 재미있고, 좋은 사람으로 가득 찬 회사가 되지 않을까요?

chapter 05

평범한 것을
소중히 하는 리더가 되라

회사 생활 덕목 중
가장 최고는 A다

　27세 여름, 긴장의 시간이 지나고 면접 보는 방으로 안내되어 들어가니 세 명의 면접관이 앉아있다. 얼굴들이 기억나지는 않지만 뭔가 피로에 절어있는 듯한 모습으로 기억한다. 면접 받는 인원은 나를 포함해서 다섯 명이다. 어떤 질문들이 오고 갔는지는 생각이 나지 않지만 두 가지가 아직도 내 머릿속에 남아있다. 그 첫 번째는 어느 부서에서 근무하고 싶은가였다. 옆에 앉은 친구가 마케팅이라 했고 나도 덩달아서 마케팅이라고 했다. 그 당시 내 영어점수 토익 545점······ 6백 점 이상이 되어야 해외마케팅 지원이 가능하다고 하며 면접관이 무엇인가를 적는다. 그리고 또 다른 한 가지는 지방에서도 근무가 가능한가라는 질문이다. 머릿속에서 갈등이 있었지만 합격하는 것이 최대의 목표였던 나는 불가능이란 단어는 빼놓고 왔다. 면접을 보는 이 짧은 시간이 나의 그 뒤 이십여 년을 결정할 줄 몰랐다.

　그리고 23년간의 구미생활이 시작되었다.

아침 회의를 마치고 자리에 앉자마자 전화가 울린다. 인사팀 김 팀장이 나에게 면접관으로 참여해달라고 한다. 내가 쓸 부서 인원이니 내가 직접 뽑으라고 한다. 그래서 면접관으로 참석하게 되었다. 품질부서의 빠른 안정화를 위해 경력으로 인원을 충원하기로 했다.

우선은 개인소개서 학력 가족관계 등이 적혀있는 사이트에 접속해서 이력서를 본다. 학교와 과를 먼저 훑어보았다. 지방이라 그런지 이 지역 연고를 둔 학교가 대부분이고 가끔 수도권 친구들도 보인다. 이왕이면 이 지역에 연고를 둔 사람을 뽑아야 한다. 힘들더라도 도망가지 않아야 한다. 서울 친구들은 얼마 못 가서 서울로 발령을 요구하는 경우가 많아서 곤란했던 적이 한두 번이 아니다. 다음으로는 어학을 본다. 입사하면 영어 공부할 시간이 없으니 미리 조건이 되는 사람을 뽑기 위해서이다. 700점 넘는 친구에게 가산점을 줬다. 그리고 이전 직장에서 근무한 부서를 본다. 품질부서 경력이 있는 사람이 우선이고 성공 프로젝트 경험이 있는지 본다. 한 친구는 Green belt가 있어서 눈이 갔고 역시 가산점을 준다. 특히 회사 생활을 오래하다 보니 인상과 몇 마디 말을 해보면 일 잘하는 사람을 구별해 낼 수가 있고 칠팔십 프로는 맞는 것 같다. 그리고 순발력과 재치를 보기 위해 엉뚱한 질문을 해본다. 나이아가라 폭포수에서 떨어지는 물이 1분에 몇 톤이나 될까? 서울에 경로당 개수가 얼마나 될까? 뭐 대충 이런 질문으로 시작한다.

한번에 다섯 명 정도의 대상자를 나를 포함한 서브리더 두 명 그리고 인사 팀 한 명, 그렇게 총 네 명에서 면접을 봤고 면접이 끝나자 서브리더들의 점수를 다 받아서 우리 부서의 최종점수를 결정했다. 열댓 명 정도의 인원 중에서 세 명 정도를 뽑았던 것으로 기억한다. 각각 입고 품질 파트, 출하 품질 파트, 서비스 파트에 배치했다. 경력 사원이 왔으니 내일부터 서브리더들의 불만이 조금은 누그러지지 않을까 한다.

25년차인 내가 그 때의 박팀장에게 물어봅니다.

박 팀장,
회사에서 신입사원을 뽑을 때 가장 중요한 것이 무엇일까?

Knowledge라고 말하는 사람이 있다. 물론 학교가 좋고, 학점과 전공, 어학이 최고라면 도움이 되겠지, Skills라고 말하는 사람이 있다. Green belt, 전공자격증, 전시회 수상기록 등도 역시 가산점을 받을 수 있겠지, 하지만 팀장으로서 새로운 인원을 선택할 때 꼭 먼저 봐야 할 것은 바로 태도(Attitude)라네. 왜냐하면 지식이나 스킬이 모자라더라도 우리 팀에 합류해서 차근차근 배워 나갈 수 있고, 오히려 모자라는 지식이 있을 때 배우려는 자세가 더욱 치열해 우리 팀에 더욱더 빨리 녹아들 수가 있다네. 태도가 안 좋은 사람은 아무리 가르쳐도 배워줄 수가 없고 팀에 녹아들지 않기 때문이지. 어느새 이방인으로 팀을 와해시키는 역할만 늘어간다네.

박팀장, 주변을 돌아보게나, 학력이 좋은 사람이 리더 자리에 많이 앉아있는지, 태도가 좋은 사람이 리더 자리에 많이 앉아있는지.

기억하게. KSA가 아니고 ASK라는 것을 말이네.

월요병보다
금요병을 앓아라!

저녁식사를 하고 나면 컴퓨터 앞에 앉는다. 어느 날부터인가 주말 메일을 확인하면서 한 주를 마무리하는 습관이 붙었다. 그리고 나서야 맘 편히 앉아서 가족들과 함께 웃고 즐길 수 있는 개그 콘서트를 본다. 한 주를 마무리하는 프로그램으로 가족과 함께 맘껏 웃고 즐길 수 있는 프로이기 때문이다. 그러는 사이 주말은 마무리되어가고 나도 슬슬 잠자리로 향한다. 조금 일찍 잠들어야 내일 아침 일찍 평택으로 출근을 할 수 있다. 매주 월요일 아침 구미에서 평택 간 2시간 10분의 출근 시간 안전 운전을 위함이다.

한 주를 시작하는 월요일, 여러분은 어떤 상태로 출근하시나요?

주말 바쁜 일정으로 인한 월요병으로 육체적으로 피곤하신가요? 아니면 주말에 푸~욱 쉬시고 스트레스를 Reset한 월요일이니까 에너지가 가장 충만한 상태라 상쾌하신가요?

주말을 잘 보낸 직장인이라도 월요일은 월요병으로 고생하는 것이 정

상이지 않을까 합니다. 하물며 일요일 늦잠 자고, 결혼식이다, 가족행
사다 참석하고 다니는 일반적인 직장인이라면 당연히 나타나는 증세가
'월요병'이 아닐까 합니다. 몸은 지치고, 눈은 자꾸 감기고, 정신이 몽
롱한 상태가 오전 중에 지속되는 현상입니다. 저도 연애할 때 항상 피
곤한 월요일을 보냈던 기억이 또렷합니다. 몸은 피곤해도 사랑하는 사
람과 함께 보낸 추억으로 힘든 월요일을 버텨내곤 했습니다. 하지만
Work&Life Balance를 잘 실천하고 있는 요즘의 신세대 직장인들은, 이
문화도 조금은 달라져야 하지 않을까 합니다. 당연히 월요병도 없어져
야 하지 않을까 합니다.

우리 본부도 금요일은 Family day로 저녁 5시면 퇴근을 종용하고 이
제는 떠밀지 않아도 될 정도의 문화로 자리 잡았습니다. 그런 상황에서
금요일 회식하자고 하는 팀장을 간 큰 팀장이라고 하는 이유도 이런 이
유 때문입니다.

예전에는 금요일 Family day라고 일찍 끝나면 집으로 바로 가는 것이
아니라, 회식을 좀 더 편하게 일찍 할 수 있었고 요즘 말하는 불금을
보내곤 했었습니다. 토요일은 반일근무 또는 쉬는 날이니 편안하게 새
벽까지 술을 마셔도 되기 때문이죠. 그렇기 때문에 가정의 날이 아니라
가정에서 느끼는 금요일은 오히려 더 힘든 금요일이 되곤 했습니다. 아
무튼 신세대들이 주류를 이루는 현재는 그런 일들이 줄어들고 있어 보
이니 다행이네요.

지금 저의 경우, 월요일이 그리 힘들지 않고 그래서 그런지 월요병이
거의 없어진 것 같습니다. 한데, 왜 월요병이 없어졌을까? 곰곰이 생각
해 보았습니다. 그리고 방법도 추가해 보았습니다.

첫째, 예방접종을 맞듯이 일요일 오후부터 직장 모드로 바꿔라

권해드리고 싶지 않은 방법이긴 한데, 요즘 리더들은 이 방법을 많이 쓰더라고요.

일요일부터 직장 모드로 미리 전환하여 메일을 보면서 업무를 미리 생각하는 예방접종을 하게 되면 월요일이 그리 힘들지 않게 시작할 수가 있습니다. 아침에 정리가 돼서 시작하게 되니 효율적이 되더라고요.

둘째, 주말에 주중의 일들을 완전히 잊어버릴 정도로 일과 관련 없는 다른 일에 몰입하라

주말에 시간이 나면 책을 읽거나 글을 쓰기도 하지만 한 달에 최소한 번은 땀이 흠뻑 나는 산행을 하곤 합니다. 와이프와 갈 때도 있고, 지역 동료들과 갈 때도 있습니다. 힘든 산행을 하고 나면 다리도 아프고 허리도 쑤시기도 하지만 머리가 맑아지는 경험을 하게 되고 주중에 쌓여있던 스트레스가 산바람에 다 날아가 버리기 때문에 오히려 상쾌함을 느끼곤 합니다. 몸은 힘든데 마음이 상쾌하고 머리가 깨끗해지니 월요일 출발이 아주 산뜻합니다. 어떤 사람은 산악 자전거를 타고, 어떤 사람은 캠핑을 가고, 어떤 분들은 여행을 다녀오기도 하지요. 아무튼 자신을 온통 몰입시킬 수 있는 그 무엇인가가 있는 사람들은 월요일 얼굴이 달라 보입니다.

셋째, 금요일 월요일 할 것을 미리미리 챙겨, 정리하고 퇴근하라

기본이지만, 잘 실천하지 못하는 부분입니다. 일을 빨리 끝내고 5시 퇴근하라는 이야기인데, 일을 중단하고 5시 퇴근하는 사람이 더 많은 것 같습니다. 그러니 불안하고, 월요일 밀린 일이라서 더욱 바쁘고, 팀장 얼굴 보기도 민망하고, 그렇기 때문에 월요일에 회사 가기가 싫어지는 경우가 발생하는 것입니다. 깔끔하게 정리하고, 팀장에게 보고할 내용이 무엇인지 인지하고 퇴근한다면 월요일 아침 회의가 두렵지 않게 되고 그러면 상대적으로 상쾌한 아침을 맞을 확률이 올라가게 됩니다.

넷째, 월요일엔 남보다 1시간 정도 일찍 출근하여 금일 할 일을 미리 정리하고 시작하라

금요일 바쁘게 퇴근했더라도, 월요일 조금 일찍 출근하여 정리하는 방법도 있습니다. 허둥지둥하지 않고, 월요일 아침에 아무도 출근하지 않은 사무실에서 메일을 읽고 일을 준비하는 기분 느껴보시지 않으신 분은 말씀하지 마세요~~~~. 정말 죽여줍니다. 짱~~~!

다섯째, 강인한 체력과 뻔뻔함으로 버텨라!

이것도 저것도 잘 안 되시는 분들은 강인한 체력과 뻔뻔함으로 버티시면 됩니다. 상사에 상관하지 않고 주변 눈치에 신경 쓰지 않고 자신만의 길을 가는 사람입니다. 이런 분도 가끔은 계시더라고요. 물론 월요병도 없고요. ㅋㅋㅋ

월요병이 없어진 대신 저는 금요병이 있습니다.

월요일부터 목요일까지 일에 집중하고 관계를 위해 술자리에 참석하고 새벽에는 긍정메일까지 쓰다 보면 금요일이 되면 가장 몸이 힘들어지곤 합니다. 그래서 그런지 월요일은 상큼하게 시작하지만 금요일은 약간 지쳐서 근무하곤 합니다. 리더분들은 아마 저하고 비슷한 리듬으로 회사 생활을 하지 않을까 합니다.

리더라는 직책에 관심을 가지고 계신 분들은, '월요병'보다는 '금요병'을 앓으시는 게 좋을 것 같고요, 강인한 체력으로 '월요병', '금요병' 없이 보내신다면 더욱 좋을 것 같습니다.

·설렘있는 직장, 울림있는 리더·

직장에서
가장 **행복한 직급**은?

느지막이 창문으로 들어오는 햇빛에 눈을 뜬다.
푹 자고 나니 심신이 편안하다. 갑자기 나에게 물어본다. '정말 행복한
가?'라고. 집에서는 가장 행복한 사람은 내가 될 수 있지만, 회사에서
가장 행복한 사람은 누구고, 내가 가장 행복할 수 있을까? 과연 회사
에서 누가 가장 행복할까?

　회사에는 사장이 있다. 그리고 그 밑에 부사장이 있다. 부사장 밑에
는 전무도 있고, 상무도 있다. 임원급 밑에는 부장도 있고, 차장도 있
고, 과장도 있고, 대리도 있다. 그리고 직급으로는 가장 밑에 얼마 전에
갓 입사한 평사원이 있다. 직급이 행복을 가늠하는 것이라면 응당 사
장이 가장 행복할 것이고, 그다음으로 부사장, 전무, 상무가 행복할 것
이다. 그리고 부장, 차장, 과장, 대리가 행복하고 평사원이 가장 불행할
것이다.
　과연 그럴까?

돈이 행복을 좌우한다면 역시 위 직급이 더 많은 월급을 받을 것이고, 사장, 부사장, 전무, 상무순으로 행복할 것이고, 부장, 차장, 과장, 대리가 그다음일 것이고, 사원이 역시 제일 불행할 것이다.

과연 그럴까?

하지만 불행한 사장도 있고, 불행한 부장, 불행한 과장도 있을 수 있고, 직급으로 제일 낮은 평사원도 불행한 사람이 있을 수 있다. 그리고 행복한 사장, 전무, 상무도 있을 수 있고, 부장, 차장, 과장, 대리 그리고 평사원도 행복할 수 있다.

그러면 직장에서 무엇이 우리를 행복하게 하는 걸까?

답을 구하기 위해 25년간의 회사 생활을 돌아봤습니다.

나는 언제 가장 행복했을까?

사원 시절, 회사에 입사했다는 것만으로도 너무 행복했습니다. 저보다도 더 좋아하시는 부모님을 뵙고 가슴이 뿌듯했습니다. 가장 행복한 순간은 내가 회사에 필요한 사람으로 '인정' 받아서 행복했네요.

대리 시절, 직장 생활에서 첫 번째 승진을 하고 사령장을 받았을 때 너무 행복했습니다. 연봉이 오른 만큼 술을 샀지만 대리라는 명함을 받고 어깨가 으쓱했습니다. 가장 듣고 싶은 말이 직장에서 능력 있는 사람으로 '인정'해주는 말이었습니다. 그때가 행복했습니다.

·설렘있는 직장, 울림있는 리더·

과장 시절, 설계를 하고 규격을 정하던 그때가 너무 행복했습니다. 내가 설계한 제품이 우리 사업부를 책임지는 제품으로 탄생하는 것을 보고 아주 기뻤습니다. 특히 내 손으로 무에서 유를 창조했고 회사에 '기여'한다는 느낌을 갖기 시작하기 때문에 행복했네요.

차장 시절, 모델을 책임지고 개발하여 Event 종료하고 함께하던 회식 때 너무 행복했습니다. 회사에서 기대하는 주요 성과를 내는 그 태풍의 중심이 나라고 생각이 문득문득 들었습니다. 그중에서 동료들과 함께 어려움을 '극복'해냈다는 것 때문에 더욱 행복했네요.

부장 시절, 회사에서 임원을 제외하면 최고의 위치에 설 수 있어서 너무 행복했습니다. 지식적으로도 회사에서 가장 높은 위치에 서 있을 수 있어서 자랑스러웠습니다. 팀장이나 리더가 아니라도 직원으로서 최고의 위치에서 '근무'할 수 있는 것 자체로도 행복했네요.

팀장 시절, 우리 팀이 이뤄낸 성과가 너무 탁월해서 부서의 전설을 만들어 갈 때 너무 행복했습니다. 나도 훌륭한 리더가 될 수 있구나 하는 것 때문에 체력이 빠지는 줄도 모르고 일했습니다. 팀장으로 구성원들과 '함께' 일할 수 있음에 행복했습니다.

실장 시절, 내 차를 타고 회사 내부까지 들어올 수 있어서 너무 행복합니다. 멋진 팀장들과 함께할 수 있어서 어떤 일이든 무서울 것이 없었습니다. 결국은 회사 생활이라는 것이 좋은 '사람' 때문이라는 것을 알아서 행복했습니다.

이 중에서 어떤 것이 가장 행복한 걸까?

직위에 따라 행복의 크기가 달라지지는 않았네요. 또한 직위가 올라
가면서 행복이 증폭되지 않는다는 것을 알았습니다. 눈을 씻고 찾아봐
도 어느 직위에도 돈을 더 많이 벌어서 행복한 기억은 없네요.
사람들에게 인정받고, 조직에 기여할 수 있고, 어려움을 극복해 나갈
수 있는 그런 사람들과 함께할 수 있음에 행복을 느끼고 있었네요.
저에게는 지금이, 직장에서 근무하는 바로 이 순간이, 동료들과 함께
할 수 있음이 가장 행복한 순간입니다. 맞죠?
광수생각으로 마무리합니다.

세상의 모든 사람은 행복해지기 위해서 사는 것이고
행복해지기 위해 때론 불행을 견디어 나가는 것이다.

밥 사주면
욕 들을까, **칭찬** 들을까?

스트레스를 어떻게 날려 버리시나요? 직장인들의
스트레스 주범은 크게 두 가지로 나눌 수 있다고 합니다.

하나는 실적이고, 다른 하나는 인간관계이다.
－진정한 프로를 꿈꾸는 이기적인 직장인, 안상헌 －

실적은 연초 계획한 대로 가고 있는지 눈으로 볼 수 있지만 사람 관
계는 볼 수 있는 방법이 없어서 자신이 어떤 상태인지 알기가 어렵습니
다. 그런데 이 책에서 사람 사이의 관계에서 자신의 현황을 알아보는
괜찮은 방법을 알려주고 있네요. 방법은 자신이 밥을 사주고도 욕을
듣는 사람인지, 밥을 얻어먹고도 칭찬받는 사람인지를 생각해 보는 것
입니다.

·평범한 것을 소중히 하는 리더가 되라·

밥 사주고 욕 듣는 사람

1. 밥 사주면서 생색내는 사람

   자신이 밥을 사주는 것을 마치 영웅적인 행동인 양 떠들고 알리는 사람이다. 자신이 무슨 날이니까 식사를 하러 가자는 것보다, 남들이 모두 한턱 내라고 할 때 못이기는 척 한번 쏘는 게 좋을 것 같습니다. 진급이나 중요 수상 등이 있을 때가 되겠네요.

2. 은혜를 베푸는 듯 행동하는 사람

   고위층에서 밥을 살 때 그런 경향이 있다. 우수 직원으로 뽑힌 사원들에게 부상으로 자신이 직접 밥을 사줘야 한다고 생각하는 사람. 요즘 같은 긴축 경영에는 이런 상사라도 많이 있으면 좋겠습니다만, 식사 내내 뻐기는 상사와 함께하는 것은 정말 힘들 수 있겠네요.

3. 밥 사주는 목적이 따로 있는 사람

   인기투표를 위해서, 해외연수 대상자 선정을 위해서, 특정한 이유를 위해서 밥을 사는 사람. → 제가 다니는 회사에서는 그리 많이 경험하지 못한 유형이네요. 하지만 친해지려고 밥 같이 먹자고 하는데 마다할 필요는 없어 보입니다.

4. 먹을 때 자기 말만 하는 사람

   먹는 자리에서 공감대가 형성되기는커녕 자기 말과 주장만 일삼아서 점수를 까먹고 교감을 단절시키는 사람. 식사 자리 또는 술자리에서 자신이 말하는 비율은 참가한 인원수+1로 나누면 좋을 것 같은데, 다섯 명이든 여섯 명이든 자신이 6~70% 이야기를 하는 사람과는 자리를 함께하기 싫을 수 있겠네요. 특히 별 영양가 없는 이야기로 말입니다.

5. 아무 생각 없는 사람

아무 생각 없는 사람도 밥 사고 좋은 소리 못 듣는다. 사람들은 자기보다 못하거나 배울 것이 없는 사람을 무시하는 경향이 있다. 왜 밥을 사지? 그냥 사라 해서 사는 사람은 밥이 소화되는 시간이 지나면 다 잊어버리게 됩니다.

밥을 얻어먹으면서도 칭찬받는 사람

1. 인간적인 정이 가는 사람

주위 사람을 끄는 매력이 있어서 아무것도 요구하지 않았는데도 도와주고 싶어지고 괜히 옆에 가서 이런저런 이야기를 붙여보고 싶은 사람. 항상 주변에 사람이 많이 꼬이고 이 사람과 함께 있으면 행복하기 때문에 저녁까지도 함께하고 싶어지는 유형입니다. 많은 유머와 풍부한 상식으로 저녁 두세 시간이 후딱 지나가 버리기도 하지요.

2. 배려심이 깊은 사람

사람은 자신에게 무엇인가를 양보해주는 사람에게 좋은 느낌을 갖는다. 그렇게 배려심이 많은 사람에게는 빚을 졌다는 생각을 갖게 된다. 밥을 사고서도 자신이 아직도 신세를 지고 있는 것 같고 앞으로도 그와 함께 좋은 관계를 유지하고 싶다는 생각이 든다. 바쁜·현대를 살아가면서 자신을 추스르기도 힘든데 남을 배려한다는 것은 대단한 장점입니다. 특히 제가 그분에게 배려 받고 있다고 느껴지면 저절로 지갑을 열고 베풀면서도 좋을 것 같습니다.

3. 미소가 아름다운 사람

잘 웃으며 밝게 지내는 사람들은 웃는 모습이 자연스럽고 매력적으로 느껴진다. 그 미소에 빠져 허우적거리는 사람이 생기게 마련이고 밥을 사고도 같이 먹어줘서 고맙다는 말을 하게 만든다. 함께 식사하는 사람의 얼굴은 곧 나의 얼굴입니다. 식사하는 내내 웃는 사람은 내 기분을 Up되게 해줍니다.

4. 배울 것이 있는 사람

입에서 쏟아지는 한 마디 한 마디가 명언같이 귀한 사람이 있다. 배우고 싶은 욕구가 용솟음치고 그와 함께 하면 자신도 그렇게 될 수 있을 것 같은 기대감이 싹튼다. 직장 생활, 경제생활, 가정생활의 노하우를 실제 사례를 들어가면서 맛깔나게 이야기하는 사람이 되겠네요. 마치 자기계발 강연을 듣는 기분이 든다면 당연히 강연료는 수강자가 내게 됩니다.

5. 남의 말을 잘 들어주는 사람

가만히 고개만 끄덕이고 한번씩 맞장구만 치는데도 좋은 평가는 그에게 다 돌아간다. 스트레스 받은 것들을 그에게 다 쏟아내고 나면 속이 시원하고 후련해진다. 화가 난 사람, 스트레스가 잔뜩인 사람들이 하는 이야기를 적절한 추임새와 호응으로 스트레스 지수를 아주 많이 낮춰주는 사람입니다. 이런 사람은 듣는 시간을 70~80% 한다고 합니다.

이상과 같이 직장 내에서 좋은 평판 또는 나쁜 평판을 얻는 유형을 열 가지 나열해 보았습니다. 어떤 한 가지가 꼭 자신에게 고정된 경우라기보다는 경우에 따라 좋은 것 한두 개, 나쁜 것 한두 개 섞여 있을 수 있을 것 같습니다. 그리고 상대에 따라 느끼는 기분이 달라지기도 하겠네요.

중요한 것은 함께 식사하고픈 사람이 된다는 것. 그것이 중요한 사실인 것 같습니다. 아니면 자신이 식사하고픈 사람을 찾아서 함께 식사시간을 마련하는 것도 좋고요.

식구(食口)는 한자에서 보듯이 함께 밥을 먹는 사이란 뜻입니다. 하루 중에서 가장 많은 시간을 보내고, 심지어 가족보다도 식사를 많이 하는 곳이 직장이고 동료들입니다. 그런 동료들과 함께 식사 시간을 가져보세요. 점점 더 가까워지는 사이가 되어감을 공감하게 될 겁니다.

삶, 직장
가장 소중한 **보물**

여러분은 자신이 가지고 있는 보물을 알고 계신가요?

보물?

'보물' 하면 어떤 것이 떠오르세요? 전 '보물' 하면 해적들이 동굴에 숨겨놓은 금화나 목걸이 등이 먼저 떠오르는데요. 혹시 개그콘서트의 "들었다 났다~ 들었다 났다~, 요물~!"이 떠오르신다고 하시지는 않으시겠죠?

그 보물 말고, 내가 가진 보물을 생각해 보라고 하시면 어떤 것이 떠오르세요? 금 두꺼비? 소중한 집문서? 자동차? 혼마 골프채? 산악자전거? 오토바이?

그러면 물리적인 것이 아닌 가장 소중한 보물은 무엇이 있을까요? 여러 가지가 있겠지만 제가 생각하는 인생에 있어서 정말 소중한 보물들을 말씀 드려 볼까 합니다.

첫 번째로 꼽는 보물은 '가족'이라고 자신 있게 이야기할 수 있습니다

인생을 살아가는 이유가 뭘까?

전 감히 '가족을 위해 살아갑니다.'라고 말할 수 있습니다. 물론 가족이라 함은 나를 포함해서 말입니다. 사랑하는 사람을 만나서 행복한 가족을 꾸리고, 나와 아내를 꼭 닮은 아이들을 낳고, 그 가족 구성원들과 함께 추억과 역사를 만들어 갈수 있는 것이 제가 가진 첫 번째 보물입니다.

결혼 안 하신 분은 이 좋은 보물을 빨리 만드시기 바라고, 결혼을 이미 하신 분들은 아무리 좋은 보물이라도 갈고닦아야 빛이 나니 열심히 갈고닦는 정성을 아주 많이 들이시기 바랍니다.

두 번째는 무엇보다도 중요한 '건강'입니다

돈을 잃으면 조금 잃는 것이요,
친구를 잃으면 많이 잃는 것이고,
건강을 잃으면 모두를 잃는 것이다.

하는 말하는 것을 들어본 적이 있으실 겁니다.

운동 선수처럼 울퉁불퉁 근육은 없더라도 아침, 점심, 저녁 세끼 먹는 데 지장 없고, 봄이면 벚꽃 밑을 거닐며 연인과 아이스크림 먹고, 가을이 되면 친구와 주말 산행을 할 수 있으며, 가끔은 지방 많은 삼겹살에 소주 한잔 기울이는 데 문제 안 되는 정도의 건강 상태가 얼마나 행복한지는 위 수술을 하신 분이나 간에 이상이 있으신 분 등 아픈 동료에게 물어보면 쉽게 아실 수 있을 것입니다. 왜 그것이 보물인지를 말입니다.

·평범한 것을 소중히 하는 리더가 되라·

세 번째는 아침이면 출근할 수 있는 '직장'입니다

혹시 아침에 일어나서 회사에 가기 싫은 적이 많이 있으신가요?

그냥 몇 달간 아무 일 안 하고 푸욱 쉬면 좋겠다고 생각하신 적이 있으신가요?

저도 그런 생각을 많이 하고 지금도 경제적인 문제가 없다면 밖에서 놀고 싶은 게 솔직한 심정입니다.

한데, 얼마 전 동문 선배를 만나게 되었습니다. 그 선배는 우리 동문 중에서 코스닥 상장도 하여 돈은 걱정이 없는 분이시고, 건강도 좋으시고 얼굴도 잘생기셔서 많은 동문들에게 부러움을 사시는 분입니다. 그분의 현재 나이가 65세인데, 벌어 놓으신 돈으로 충분히 여생을 즐길 만하실 텐데, 지금도 일을 하고 계시고 또 새로운 일을 찾아 끊임없는 도전을 하고 계십니다. 왜 그렇게 열심히 사시는지 여쭤보았더니, 일이 없으니 너무 심심하고, 어떤 이슈에 대해 함께 이야기하고 시간을 보낼 수 있는 곳 중에서 회사가 가장 좋은 곳이라서 계속 회사를 운영하고 회사를 열심히 나오고 있다고 하시더라고요. 무엇인가를 하는 것이 건강에도 좋다고 하시면서 말입니다. 잘 이해가 안 되실 수도 있지만, 아침에 일어나서 어느 곳인가를 규칙적으로 갈 수 있고, 하루 종일 무엇인가에 매달려서 동급의 사람들과 이야기하고 시간을 보내는 것이 정말 큰 보물임을 여러분도 함께 느끼셨으면 좋겠습니다. 그래서 제가 세 번째 보물로 직장을 선택하였고요.

네 번째는 인생의 '꿈', 그리고 직장의 '꿈'입니다

바다를 항해하는 배가 목적지가 없다면 상황에 따라 표류하게 됩니다. 인생의 바다에서 역시 인생의 목표가 없다면 이 역시 인생을 표류하게 됩니다. 시간이 나더라도 무엇을 하기보다는 상황에 따라 그냥 보내버리는 경우가 있다면, 이는 바로 꿈이 없기 때문입니다. 저도 마흔다섯 살이 돼서야 명확한 꿈을 가질 수 있었고, 꿈을 가지고 나서의 생활은 그 전과는 상상도 하지 못할 정도로 크게 바뀌었습니다. 일 년에 백 권이 넘는 책을 읽어버리고, 국내 높은 산들을 하나하나 등반하면서, 10Km 마라톤도 도전하고, 좋은 강연을 찾아서 들으려고 하고, 내부 동료들을 위해서 강연도 하고, 외부 강연도 도전하고 등……

그뿐만이 아니라, 현재 제가 다니는 직장 근무 일수가 8,500일을 넘어섰지만 이 이후 계속해서 10,000일 이상을 근무하고 싶고, 블로그와 아침행복을 시작한 지 900일이 넘었지만 이 또한 1,000일을 유지할 것이고, 그 이상 할 것입니다. 꿈이 없던 시절에는 내가 이렇게 바뀔 줄은 상상도 못할 일들을 하고 있습니다. 여러분도 꿈을 한번 생각해 보세요. 제가 변한 것만큼이나 여러분은 더욱더 크게 변할 수 있으실 겁니다.

다섯 번째는 모든 보물을 담을 수 있는 최고의 보물상자인 '긍정적인 마인드'입니다

아무리 좋은 보물이 있더라도 그 보물들이 녹슬지 않게 하기 위해서는 그것을 녹이 슬지 않도록 잘 보관할 수 있는 적당한 보물상자가 있어야 하며 그것이 바로 긍정적인 마인드입니다. 긍정…… 더 이상 설명하지 않아도 되죠?

위에서 대표적인 다섯 가지 보물에 대해 말씀 드렸지만, 그 외에도 알고 보면 정말 소중한 것들이 많이 있습니다. 좋은 취미, 무쇠라도 소화시킬 수 있는 소화력, 뛰어난 운동신경, 안경이 필요 없는 시력, 개성 있는 외모 등. 보통은 그것이 보물인 줄을 모르고 지내다가, 누군가가 말해주거나, 그것이 없어졌을 때 절실함을 느끼게 되곤 합니다.

우리는 누구나, 너무나 많은 보물들을 가지고 있습니다.
아무도 갖고 있지 않은 나만의 보물들을 누구나 가지고 있습니다.

만 시간 법칙,
만 일 법칙!

여러분은 회사에 들어온 지 며칠이나 되셨나요?

전 오늘 날짜로 8,500일을 넘겼고 햇수로 25년이 되었네요. 참 오래 다니고 있죠? 그것도 한 직장에…….

회사에서 10,000일을 넘기기 위해서는 아직 1,500일 정도가 더 남아 있네요.

·평범한 것을 소중히 하는 리더가 되라·

여러분은 10,000시간의 법칙을 아시죠?

어떤 한 가지 일을 10,000시간 이상 하게 되면 전문가가 되는 실력을 가질 수 있다는 말콤 글래드웰의 말씀을 들어보셨을 겁니다. 원래 주창자는 심리학자 앤더스 에릭슨으로 베를린 음악 아카데미 학생 중 음악 연습생들의 시간을 보고 그들의 실력을 보니 4,000시간 연습한 사람의 실력은 음악선생 수준, 8,000시간 연습한 사람의 실력은 상급자 연주자 수준, 10,000시간 연습한 사람의 실력은 솔리스트 연주 급으로 최상급 전문가 수준에 도달해 있다는 것이다.

그의 결론은, "노력하지 않았는데 최상급인 사람도, 열심히 했는데 두각을 못 낸 학생도 없었다"라는 것이다.

회사에서는 시간이 아니라 일(Day)로 변환해서 대입해 보면 어떨까 합니다. 4,000일 근무한 사원의 실력은 과장 정도로 여러 개의 프로젝트를 수행할 수 있는 실력수준, 8,000일 근무한 사원의 실력은 부장급 정도로 여러 개의 프로젝트를 리딩할 수 있는 실력수준, 10,000일 근무한 사원의 실력은 담당/임원급 정도로 지금까지 없던 창의적인 프로젝트를 기안하고, 수행하고, 리딩해서 성과를 낼 수 있는 수준이고, 전 이제 8,000일을 넘겼으니 여러 개의 프로젝트를 함께 리딩하는 수준에 도달해 있어야 하네요. 그리고 앞으로 2,000일 정도가 더 있으면 나도 10,000일에 도달하게 되고, 그에 걸맞은 인재로 부끄럽지 않도록 열심히 준비하여야 하겠습니다.

10,000시간의 법칙이 중요하듯이 10,000일의 법칙도 직장에서는 아주 중요한 것 같습니다.

·설렘있는 직장, 울림있는 리더·

이와 관련 회사 선배님께서 말씀해주신 추가적인 의미를 함께 공유해 드립니다. 우리나라 남자의 평균 수명은 대략 30,000시간이다. 그중 태어나서 10,000일이 되는 동안 성장하고 교육하고 자신을 위해 투자하고, 그다음 10,000일은 회사에서 일을 하면서 자신의 정열을 태우게 된다고 합니다. 그다음 10,000일은 회사를 은퇴하고 또 다른 세대의 시작인 노년을 보내게 된다는 말씀이셨습니다.

10,000일이 27.5년 정도되니, 27.7살까지 태어나 공부하고 군대 다녀오고, 그리고 회사에 들어와서 55세까지 열심히 근무하고, 평균연령 82.5세까지 새로운 10,000일을 보내게 된다고 하네요.

저는 이제 1,500일이 지나면 회사에서 10,000일을 지나게 되고, 또 다른 시작을 위해 새로운 단계인 인생의 마지막 10,000일을 시작하게 됩니다. 전문가를 넘어 컨설턴트가 될 정도로 마지막 열정을 불태울 예정입니다. 여러분은 아마도 2단계 10,000일을 지나고 계 신 분이 많으실 겁니다. 아직 많은 날들이 남아 계신 분들은 더욱더 가치를 높일 가능성이 높다는 뜻이며 혹시 벌써 10,000일을 넘으셨다면 남들보다 2단계 10,000일을 더욱 길게 누리고 계신 것입니다.

회사에서 10,000일의 법칙이 사회에서의 10,000시간의 법칙과 다르지 않으며, 회사에서 10,000일을 열심히 산다면 충분히 10,000가지 행복을 찾을 수 있지 않을까 합니다.

·평범한 것을 소중히 하는 리더가 되라·

50점 사원이
200점 받는 법!

직장에서 구성원과 이야기를 하다 보면 리더와 당당하게 눈을 맞추는 구성원이 있는가 하면, 왠지 눈을 맞추지 못하고 시선처리가 불안정한 구성원들이 많은 것을 느낄 수 있습니다. 특히 어떤 과제를 주려고 하면 더욱더 눈을 맞추지 않는 경우가 많더라고요. 그리고 현재 일어나고 있는 문제에 대해 물어보게 되면 정답이 있는 것도 아닌데 본인의 의견을 말하기 꺼리는 경우를 보게 됩니다.

회사 생활을 경험해보면 학교와는 달리, 모든 일이 미리 해보지 않은 미지의 것에 대한 답을 추구하는 경우가 대부분이기 때문에, 상사도 정답을 모르는 경우가 많고, 그래서 일을 시키는 순간 어떤 답이 나올지 잘 모르게 되고, 추진하는 담당자가 일을 풀어가면서 하나하나 풀어내는 것이 바로 정답이 되는 경우가 대부분이라는 것입니다. 물론 답의 경향성은 품질(Quality), 비용(Cost), 납기(Delivery)에 따라 우선 점수가 매겨지고 그 결과에 연관된 성과에 의해 최종 점수를 받게 되지만 말입니다.

학창시절 50점, 70점, 100점 받아보셨죠?

회사에서도 시험지에 점수로 표현되지 않지만 일을 완료 후 상사에게 보고하게 되면, 상사는 자신의 기억 속에 사원 각각의 결과에 대해 점수를 매겨 기억해 두고 나중 평가 시 끄집어내서 누적해서 사용하게 됩니다. 단지 직장에서는 학교에서 받던 100점 만점의 점수뿐만 아니라 심지어는 200점이라는 점수도 나올 수 있고, 더 높은 점수도 얻을 수 있는 장점과 기회가 있게 됩니다.

그렇다면 회사에서 50점을 받은 경우와 200점을 받은 경우 어떤 기준의 차이가 있을까요? 이제부터 제가 평가하는 방법에 대해 말씀 드리도록 하겠습니다. 물론 저만의 기준이고 저만의 평가 법입니다.

첫째, 기준을 알아야 그 기준을 뛰어넘을 수 있습니다

기준을 아는 가장 빠른 방법은, 점수를 주는 사람이 누구인지 알아야 한다는 것입니다. 보통은 상사가 일을 줄 것이고 그 상사가 결과를 보고 점수를 매기게 되고, 점수를 매기는 기준은 그 상사의 기대치라고 생각하면 될 것 같습니다. 이 기준 값이 리더에 따라 다르기 때문에 리더를 아는 것이 곧 기준을 아는 게 되겠습니다.

그렇다면 상사를 알고 기준을 아는 방법이 있을까?

예, 상사가 평상시 하는 행동과 말에 그 답이 모두 들어 있습니다. 상사가 업무 지시를 할 때 주의 깊게 잘 들으십시오. 품질을 어느 정도까지 기대하시는지, 비용은 어느 정도로 해야 하는지, 납기는 언제까지인지를 꼼꼼히 체크해야 합니다. 상사가 지시할 때 그것에 대한 기준이

모호하다면 되물어서라도 알아야 합니다.

그렇게 알게 된 품질, 비용, 납기가 바로 점수를 주는 기준이며 그 기준을 만족시켰을 때가 100점이라고 생각하면 될 것 같습니다. 50점 맞는 사람은 품질, 비용, 납기 등을 만족하지 못하는 경우가 대부분일 것이고 100점 맞는 사람은 지시한 것에 대해 적정한 시간에 만족하는 비용과 품질의 결과를 내는 사람이고, 200점 맞는 사람은, Q, C, D 세 가지 중에서 한 가지라도 상사가 예상하지 못한 탁월한 결과를 내는 사람입니다.

200점의 기준은 바로, 기대하지 못한 멋진 품질을 만들어 냈다거나, 이번 주 금요일까지 하라고 했는데 화요일이나 수요일쯤에 기대 이상의 성과를 가지고 온다거나, 주어진 자원을 최소화 하는 비법을 만들어서 온다거나 하는 경우가 되겠습니다. 참 쉽죠~잉~

두 번째, Q, C, D 세 가지를 만족하지 못하면 한 가지만 공략하라

상사의 유형에 따라 품질을 강조하는 리더, 기술을 강조하는 리더, 납기를 강조하는 리더 등이 따로 있습니다. 자신의 직속 상사의 유형을 파악하고 그 유형에 맞춰서 일을 추진하고 일의 결과를 만들어 가는 것입니다. 제가 경험한 대부분의 리더들은 여러 가지 기준 중에서 특히 납기를 가장 중요하게 생각하는 경우가 많았습니다. 아마도 80% 이상의 리더들이 납기를 당겼을 때 가장 흐뭇해하시고 좋은 평가를 주시는 경우가 많았습니다. 쉽게 표현하면 업무 스피드가 뛰어난 사원을 좋아한다고 아시면 될 것 같습니다.

그냥 납기만 준수하다 보면 품질이 떨어질 수 있는데, 이 부분에 대해서는 제가 체험으로 느낀 보완법이 있습니다. 그 보완법은, 일을 추진하면서 납기 3분의 1 지점에 그때까지 완성된 결과를 가지고 상사와 중간 미팅을 합니다. 정식 미팅이 아니라도 좋습니다. 식사를 하면서 아니면 커피를 마시면서 진행 현황을 말씀 드리고 상사의 지시 방향대로 잘 가고 있는지 상사에게 Feedback을 받습니다.

이러한 미팅을 거절하시는 상사는 아무도 없습니다. 이런 미팅을 하게 되면 대부분은 상사의 의도를 잘 파악할 수 있기 때문에 납기의 3분의 2지점에 도달하게 되면 상사와 두 세 번의 만남을 가지게 되며 일은 상사와 잘 얼라인이 되어 거의 완성 점에 도달해 있을 겁니다.

제가 경험을 해보니 목표를 납기의 3분의 2지점을 두고 업무를 추진하고 상사와 중간에 2번 만나는 경우, 그 업무의 성과는 최소 100점 이상의 평가를 받을 수 있었습니다. 심지어 납기를 못 지키게 되는 경우라도 일의 진행 현황을 상사와 두세 번 협의가 되기 때문에 상사가 리스크 관리를 할 수 있게 되고, 상사에게 오히려 좋은 인상을 남길 수 있습니다. 프로젝트 중간중간에 상사와 자주 만나세요. 한번 만남에 최소 50점은 점수가 올라가게 됩니다.

그리고 또 다른 리더 유형으로 기술과 완성도를 중요시하는 타입이 있을 수 있습니다.

이런 분들을 대할 때는 업무가 주어질 때 꼼꼼히 받아 적어야 하며 원하는 결과를 사전에 많이 들어야 합니다. 이런 분들의 경우 완성되지 않은 결과를 미리 들고 들어가서 조언을 구할 경우 스피드를 중시하는 대부분의 리더들과 달리 생각이 없다고 핀잔을 듣는 경우가 생기게 됩니다. 혹시 '넌 생각도 없냐?'란 말씀 들어 보셨나요?

이런 상사와 일할 때 저도 많이 들어본 소리입니다.

이런 유형의 상사와 일할 때는, 오히려 그 주변의 고수, 선배들에게 업무에 대한 중간 결과에 대해 조언을 듣는 경우가 더 도움이 됩니다. 그리고 업무의 결과를 다 이해하고 한두 가지의 다른 대안도 가지고 일정에 맞춰 보고를 드리면 됩니다. 이런 유형의 상사는 기술적으로 높은 실력과 전문성을 갖추고 있기 때문에 상사가 원하는 기준 이상의 답을 내기가 그리 쉽지 않습니다. 그렇기 때문에 구성원들은 업무를 할 때 자신이 낼 수 있는 최선을 결과 A, B plan을 가지고 상사와 자신 있게 보고를 하는 것이 최선입니다. 너무 일찍 완성도 낮은 것을 들고 들어갔다가는 위에서 말씀 드린 것보다 심한 말씀도 들으실 수 있습니다.

'머리는 뭐~ 하러 달고 다니냐?' 제가 들은 두 번째 심한 말입니다.

이런 분들을 초기에 공략하면 상대적으로 좋은 점은 있습니다. 실무적으로 기술적으로 확실히 상사가 생각하는 이상의 공부를 해서 보고를 서너 번 성공하면 그 이후에 그 사람에 대한 신뢰는 거의 무한사랑으로 내려오게 됩니다. 이런 경험 해 보셨나요?

도전해 보세요.

세 번째, 티끌 모아 태산을 만들어라

"Q, C, D를 지키는 데 실력과 경험이 부족하고, 상사의 유형을 파악하는 데 눈치가 없어서 잘 모르겠고, 보고할 때마다 뭔지 모르지만 약간씩 부족하고, 기본 역량도 부족한데…… 그러면 어떻게 하죠?"라고 문의하실 분들이 있으실 텐데, 걱정하지 마십시오. 이런 경우에 계신 분들도 최소 100점 이상 최고 200점을 맞는 방법이 있습니다.

자질구레한 일, 허드렛일, 누구나 하기 싫어하는 일들을 잘 관찰해 보십시오. 그 속에 답이 있습니다. 아침 회의에서 팀장이 이 일 누가할

·설렘있는 직장, 울림있는 리더·

까? 묻는다면 무조건 손을 드세요. 눈을 맞추려고 하면 적극적으로 맞추도록 하세요. 그리고 나서, "제가 해 보겠습니다.", "그거 재미있겠는데요, 제가 해 보겠습니다.", "제가 바쁘지만 조금만 도와주신다면 기꺼이 도전해 보겠습니다."라구요. 이렇게 팀에서 임자가 없는 일, 남들이 성과 안 난다고 하는 잡일, 별로 티 안 나는 허드렛일 등을 확실히 쓸어 담으십시오. 적극적으로 참여하십시오. 안 될 것 같아도 도전하십시오.

각각의 점수는 100점, 200점이 안되지만, 남들이 성과 안 나는 일 30점, 임자 없는 일 20점, 허드렛일 10점, 기타 5점 등…….

하나하나 모이고 쌓아서 200점을 만들 수 있습니다.

'머리가 나쁘면 손발이 고생한다'라는 말의 긍정적인 응용이라고 보시면 되겠습니다. 이렇게 일을 하다 보면 어느샌가 전문성을 확보하고 자신의 실력이 높아져 있음을 알게 되실 겁니다. 허드렛일을 잘하는 것이 결국은 메인 일을 잘하는 것이 되기 때문입니다.

상사의 유형에 따른 기준을 알고, Q, C, D 세 가지 역량이 안 되면 한 가지에 올인하고, 이것도 저것도 안되면 부지런함과 희생정신으로 생활한다면, 한 방에는 해결할 수 없지만, 학교에서는 절대 받아보지 못하는 200점이라는 점수를 받아볼 수 있게 됩니다.

삼겹살, 소주로 배우는
직장 행복

해외 출장이나 해외여행을 다녀 보신 적이 있으시죠? 해외에 가면 국내 음식이 더욱더 맛있게 느껴지고, 가격도 엄청 비싸서 귀한 음식 대접을 받습니다. 그래서 그런지 시간만 나면 먹고 싶고 자꾸 그리워지는지는 것을 느껴봤을 것입니다.

너무 당연한 이야기인가?

국내에서 해외에서 오래 생활을 한 주재원과 저녁을 할 기회가 있었습니다. 여러 명 중에서 한 분과 가깝게 앉아 있었는데, 그분과 소주잔을 기울이면서 이야기를 했습니다. 한국에서는 폭탄주로 시작하는 경우가 많은데 그분은 바로 소주를 시작하는 것이었습니다. 왜 그런가 물어봤더니, 주재하는 나라에서 소주값이 30,000원 정도로 귀한 양주대접을 받는다는 것이었습니다. 그래서 여러 나라 주재원들에게 소주값을 물어봤더니 천차만별이었습니다. 우리나라에서는 3,000~4,000원이지만, 세계 각국에서는 싸게는 12,000원부터 비싸게는 30,000원까지 분포하고 있었습니다. 우리나라에서 삼겹살에 소주라면 늘 있는 평범한 회식이지만, 그분들과의 삼겹살과 소주는 좀 더 가치 있어 보였습니다.

캬~~~ 우리 것이 역시! 좋은 것이야~~~

회사에서도, 이렇게 삼겹살과 소주같이 우리가 평소 너무 가까이 있어서 그 가치를 모르는 것들이 참 많이 있을 것 같습니다. 주변을 돌아다 봤습니다.

첫째, 현재 다니고 있는 직장입니다

매일 아침 일어나면 출근할 수 있는 직장이 있다는 것은 정말 큰 행복입니다. 이런 행복은 대학 졸업 후 회사를 들어오기 위해 자물쇠로 교실을 잠그고서라도 치열하게 공부하는 학생들을 보면 느끼실 수 있습니다. 하루 12시간 이상 한 자리에 앉아 취업공부를 하고 계신 분들을 보면 강하게 느끼실 수 있습니다.

정년이 되어 회사를 정년퇴임했지만 장수시대 30년을 일 없이 살아야 하는 분들을 보면 더욱더 느끼실 수 있습니다. 특히 일을 하시다가, 사정이 생겨서 중간에 쉬시는 분들께서는 더욱더 절실하게, 뼈가 저리도록 느끼실 수 있으실 겁니다. 주변에 이런 분들과 함께 소주 한잔 기울이면서 현재 다니는 직장의 소중함을 간절히 느끼실 수 있는 기회가 있었으면 좋겠습니다.

둘째, 현재 소속해 있는 팀의 상사, 또는 리더입니다

자신의 유전자는 부모로부터 받습니다. 그렇기 때문에 내가 싫어도 어쩔 수 없이 부모님의 얼굴, 성격, 체형, 자그마한 습관까지 본받게 되어 있습니다. 회사에서도 마찬가지입니다. 회사에 입사해서 어떤 상사를 만나서 일을 배우느냐에 따라, 회사에서 일하는 법, 보고서 쓰는 법, 시간 활용 법, 예의범절까지 본받게 되어 있습니다. 집에서는 부모님을 항상 사랑하고 존경하듯이 회사에서는 자신의 상사를 사랑하고 존경해야 하는 것입니다.

아주 고약한 상사라서 존경이 안 간다구요?

그래도 자신을 낳아준 부모님을 외면하지 않듯이 자신의 회사 성격을 결정해 주시는 상사를 외면하지 않고, 그 어려움 속에서도 분명 배울 점도 있다는 것을 명심하고 생활해야 한다는 것입니다. 고약한 상사의 장점을 찾아보세요. 숨은 그림 찾기처럼 재미있습니다.

셋째, 어려운 일을 맡는 것입니다

회사 생활을 하면서 어려운 일을 맡는다는 것은 후배 사원 입장에서는 '힘든 일을 왜 나에게 시키지.' 하는 불만이 있을 수 있습니다. 하지만 상사 입장에서는 일을 잘 풀어가는 후배 사원에게 더 어려운 일을 맡기는 경향이 있습니다.

일상적인 일만 하고 싶다고요?

그러면 일 근육이 하루하루 수축이 되어 정작 중요할 때 힘을 발휘할 수 없게 됩니다. 우리가 평소 운동을 해서 건강을 유지해야 하듯이 평소 어려운 업무를 받아서 해결해 나가면서 업무 근육을 키울 수 있기 때문입니다.

현재 힘에 겨운 일을 맡고 계세요?
그럼 조직의 중요한 위치를 향해 달려가고 계신 거네요.
현재 너무 편안하세요?
본인이 조직 내에 최고의 베테랑이라면 걱정 없지만 그렇지 않다면 좀 더 높은 곳을 향해 어려운 일에 도전하세요.

넷째, 함께 입사한 동기들이나, 함께 근무하는 동료들이 있다는 것입니다
함께 일할 수 있는 동료가 있다는 것은 혼자서 담당자로 일해 본 사람이라면 누구나 느끼실 수 있으실 겁니다. 특히 해외에서 혼자 여러 분야의 일을 맡아서 일해보신 분은 국내에서 주변에 동료가 함께 있고, 심지어 건너편 사무실에 동기까지 함께할 수 있는 상황을 너무나 부러워하실 것 같습니다. 힘이 들고 괴로울 때 함께 나가서 커피 마시고 담배 피울 수 있는 동료가 있다는 것. 상사에게 정말 많이 깨지고, 정신적으로 힘들 때 불러서 함께 소주 한잔하며 풀 수 있는 동기가 있다는 것. 그것은 어떤 것보다도 회사 생활에서 가장 중요한 것이 아닌가 합니다.

주변을 돌아보세요.
매일 아침 출근하는 직장, 지금 일하고 있는 장소, 가끔 너무 보기

·평범한 것을 소중히 하는 리더가 되라·

싫은 나의 팀장, 옆에 있는 동료 그리고 청소해 주시는 분까지, 모두 다
일상적인 것이지만, 소중하지 않은 것이 없습니다.

공기가 없어져 봐~야~
숨 막힌다는 것을 이해하시면 안 됩니다.

물고기가
물 밖에 튀어나가 봐~야~
물을 떠나서 살 수 없다는 것을 알아서는 안 됩니다.

하루하루 내 주변에 있는 소중한 것에 감사하는
그런 하루가 되었으면 좋겠습니다.

침묵의 금,
조직을 금 가게 한다

아직까지 우리나라에서는 말을 가려서 하는 편이 말을 많이 하는 편보다는 좋게 평가를 받는 것 같습니다. 말을 많이 하면 그 말속에는 실수가 섞일 확률이 높아지고 그러한 실수를 줄이기 위해서 말을 적게 하는 것이 유리하다는 판단인 것 같습니다. 부모님 세대 때부터, 밥 먹으면서 이야기하면 '누가 밥 먹을 때 그렇게 이야기하니? 조용히 밥이나 먹어.' 하는 이야기를 많이 들어보셨을 겁니다. 또한 말수가 적게 되면 자신을 표현하지 못한다는 단점을 이야기하는 것보다는 진중하고 속이 깊다는 장점을 이야기하는 경우가 많기 때문이기도 합니다. 저는 말이 좀 많은 편입니다. 저를 아시는 분은 좀 수다스럽다고도 합니다. 그런가요? 아무 대답이 없는 것을 보니 그런 것 같습니다.

우리가 근무하는 회사는 어떨까요?
회의에 참가하는 사람들을 보게 되면 여러 가지 유형이 있는 것을 보게 됩니다.

첫째로, 가장 말을 많이 하는 사람

아마도 이 사람은 회의를 소집한 사람일 것입니다. 회의를 소집했다는 것은 무엇인가 원하는 것이 있다는 것이고, 원하는 것을 도출하기 위하여 여러 가지 이야기를 하고 관련 부서의 협조를 이끌어 내기 위해서입니다. 말이 적은 사람이라도 말을 많이 할 수밖에 없습니다.

둘째로, 적절히 말을 하면서 회의에 적극적으로 호응하는 사람

회의에 적극적으로 참여를 하고 자신의 의사를 잘 표현하는 사람인 경우입니다. 자신의 팀을 대표해서 그 자리에 참석했고, 자신이 그 분야의 전문가이기 때문에 회의를 주관하는 사람이 무엇을 원하는지 어느 정도 원하는지를 잘 아는 사람입니다. 이런 사람들이 많으면 많을수록 회의 질은 높아지고 회의가 빨리 원하는 것을 도출해 낼 수 있습니다.

셋째로, 적절히 말을 하면서 회의를 망가뜨리는 경우

위에서처럼 자신의 팀을 대표해서 참석하고, 가장 전문가인 경우는 동일합니다.

하지만 이런 분들은 회의에서 안 되는 것에 집중해서 이야기를 하는 경우가 아주 많습니다. 자칫 잘못해서 이런 분들이 이끄는 대로 흘러가다 보면 회의는 한 시간 두 시간 하더라도 원하는 결과는 얻어내지 못하고 다시 조사해서 만나자는 그런 회의록이 나오는 경우가 있습니다. 이런 분들이 중간에 치고 나올 때는 주관자가 적절히 커트하고 회의 결과를 위한 토론으로 유도해야 합니다.

넷째로, 아무 말 없이 조용히 회의에 참가하는 경우입니다

이런 분들은 회의에 와서 조용히 앉아있다가 자신에게 원하는 경우에만 답을 하는 경우입니다. 주로 대리 이하의 경우가 많으며 일을 받아가는 스타일인 경우가 많습니다. 아직까지는 자신의 의견을 이야기하기보다는 주로 듣는 편이고 일을 주도적으로 이끌어가기보다는 주어지는 일을 해결하는 스타일인 경우가 많습니다. 일을 잘못 받아갔다가 팀장에게 깨지고 회의록을 번복하는 경우가 가끔 나오기도 합니다.

마지막으로, 아무 말 없이 뒷자리에 앉았다가 가는 경우입니다

회의에 필요한 부서라고 생각해서 참석을 요청했지만 회의가 끝날 때까지 아무 말도 하지 않는 경우입니다. 결국은 아무 말도 하지 않고 아무 기여도 하지 않고 그래서 아무 일도 받아가지 않는 경우입니다. 이런 사람들은 회의 시 주로 뒷자리에 앉고, 발표자로부터 최대한 멀리 앉습니다. 회의 참가 때부터 나는 말하는 사람과 멀리 있고 싶다고 이야기합니다. 그리고 역시 회의에서 멀리 있다가 회의록에 이름만 남기고 가는 경우가 대부분입니다.

여러분께서는 다섯 가지 유형 중에서 어떤 스타일이신가요?

저는 회의에서 반대되는 의견을 내더라도 말을 하는 편이 낫다고 생각합니다. 위 다섯 가지 유형 중에서 최소한 세 번째까지가 제가 원하는 회사원의 스타일입니다. 회의에 참가한다는 것은, 나의 의견을 이야기한다는 것이고, 내가 팀의 대표이니 팀의 의견을 이야기한다는 것이며, 그 회의에서 최고의 성과를 이끌어 내야 하며 그런 회의에 나의 의견과 팀의 의견을 반영해야 한다고 생각합니다. 그러기 위해서 전문가의 조언을 필히 해야 하며 반대되는 의견이라도 건전한 디베이트를 하기 위해서는 꼭 필요한 것이라고 생각합니다.

말을 하십시오.
자신을 표현하십시오.
실수를 두려워하지 마십시오.
그러면서 말을 고쳐가십시오.

침묵이 금이다? 물론 맞습니다.
하지만 회사에서 진행하는 회의에서는 침묵이 '금'이 아니라 조직을 '금' 가게 하는 일입니다.
조직을 건전하게 성장시키기 위해서 여러분의 '말'이 필요합니다.

· 설렘있는 직장, 울림있는 리더 ·

나를 이해하는
직장 생활 **육하원칙**

회의 중 보스께서 업무를 주셨습니다. 현재 진행되는 상황을 관련부서가 잘 보고 공통 관리할 수 있는 Sheet를 만들어서 일주일에 두 번 공유하라는 지시였습니다. 효과적인 공유 방법에 대해 여러 가지 고민이 있었지만 그 답은 5W1H가 답이었습니다. 언제(When), 어디서(Where), 누가(Who), 무엇을(What), 왜(Why) 그리고 어떻게(How) 했는지 또는 해야 하는지를 잘 기록하고 관리한다면 누구나 쉽게 이해할 수 있을 것 같습니다. 이 육하원칙은 문장을 쓸 때 정확한 정보를 확실하게 기록하고 전달하는 데 효과적인 방법으로, 학교에서 수도 없이 들었던 내용이지만 실제 업무에 적용하고 잘 쓰는 것은 별개인 것 같았습니다.

아무튼, 직장 생활, 인생을 살면서 5W1H를 잘 이해하고 실행한다면, 하루하루 살아가는 것이 의미 있고 행복하게 살 수 있지 않을까 생각이 들기도 했고요, 직장에서도 개념 있고, 유능하고, 행복한 그런 인

·평범한 것을 소중히 하는 리더가 되라·

재로 성장할 수 있지 않을까 생각하기도 했습니다. 그래서, 23년간 직장 생활하면서 느껴온 직장 생활 성공 육하원칙(5W1H)를 찾아보았습니다.

When

나는 언제 회사에 들어왔고 언제까지 회사를 다닐 것인가?

막연히 정년까지 다녀야 한다는 것이 아니라 단계별로 언제 진급하고, 언제 팀장에 도전하고, 언제 임원에 도전한다는 등의 능동적이며 계획적인 자세로 살아가는가?

이러한 질문에 명확히 대답할 수 있다면 회사 생활을 아주 잘하는 것이라 생각합니다. 김 대리님, 언제까지 회사를 다니실 겁니까?

Where

나는 어느 부서에서 일하고 있고, 향후 어떤 부서에서 일하기를 바라는가, 지금 일하고 있는 부서가 어디인가, 나의 위치가 어느 정도 되는가, 향후 어떤 부서를 거치고 싶은가. 삼 년 후, 오 년 후, 십 년 후 나는 어느 위치에서 근무하고 싶은가 등에 대한 명확한 계획이나 욕구가 있다면 회사 생활을 개념 있게 한다고 소리를 들으실 겁니다. 이 과장님, 당신은 어디에 있습니까?

Who

나는 대체 누구인가?

지금 다니는 회사에서 어떤 역할을 하는 사람인가?

회사에서 중요한 위치에서 중요한 역할을 하면서 의미 있는 일을 하고 있는 핵심인재인지, 다른 사람들을 잘 서포터 해주는 서포팅 인재인지, 주변을 어슬렁거리는 쓸모없는 인재인지, 회사에서의 내가 누구인지를 잘 파악하고 있다는 것 자체가 지속적 성장을 할 수 있는 기반이라 생각합니다. 최 차장님, 당신은 누구십니까?

What

나는 회사의 어느 위치에서 무엇을 하는 사람인가?

매일매일 다니는 회사에서 나는 무엇을 하는 사람인가요?

엘리베이터 스피치처럼 3분 안에 내가 하는 일이 무엇인지 남들에게 말할 수 있으십니까? 명확하게 내가 하는 일이 무엇인지를 잘 설명할 수 있다면 회사 생활을 잘하고 계시는 겁니다. 그렇지 않다고요? 걱정하지 마세요. 저도 그렇습니다. 하지만 가끔은 혼자 생각해 보곤 합니다. 과연 내가 이 회사를 위해, 우리 팀을 위해 무엇을 하고 있는지 말입니다. 문 부장님, 무엇을 하는 사람입니까?

Why

나는 왜? 회사를 다니고 있는가?

매일 아침 힘겹게 일어나서 잔소리 듣는 회사에 왜 나오고 있는가?

주말만을 기다리며 하루하루 똑같은 일상을 보내면서 왜 이 직장을 다니고 있는가?

오늘은 내가 하는 일이 나에게 어떤 의미가 있고, 조직에게 어떤 의미가 있는 것인가?

이러한 질문에 답변을 할 수 있다면 정말 훌륭한 직장인이 되실 수 있으실 겁니다. 확신합니다. 저도 명확한 답을 낼 수는 없지만 끊임없이 저에게 물어보는 것만으로도 충분히 도움을 받고 있습니다. 정 팀장님, 당신은 회사에 왜 다니십니까? 신 팀장님, 당신은 지금 그 일을 왜 하고 계신가요?

How

어떻게 회사를 다녀야만 하는 것인가?

회사를 그냥 다니는 것, 시계추처럼 왔다 갔다 하는 것이 무슨 의미가 있을까?

하루하루가 의미 있고, 나날이 성장하고, 향후 비전이 있게 회사를 다니려면, 어제보다 오늘이 낫고, 오늘보다 내일이 더 밝은 직장 생활을 하려면 어떻게 해야 할까요. 이런 문제로 고민하시는 분이라면 회사에서 돈을 싸 들고 모셔가기를 원하는 인재이실 겁니다. 황 실장님 어떻게 회사를 다니는 게 잘 다니는 것인가요?

저만의 25년 경험을 바탕으로 한 육하원칙을 적어 보았습니다.

나만의 육하원칙을 한번 생각해 보시죠.

When, 언제 회사에 입사해서 언제 퇴사할 것인가?

Where, 어느 부서에서 근무하고 있고 어느 부서에서 퇴직하고 싶은가?

Who, 과연 이 회사에서 누구이고 누구라고 알려져 있는가?

What, 어떤 일을 하고 있고 어떤 일을 하고 싶은가?

Why, 이 일을 왜 하는가, 왜 회사에 다니는가?

How, 어떻게 하는 것이 멋진 회사 생활을 하는 것인가?

· 설렘있는 직장, 울림있는 리더 ·

직장에서
맘껏 먹어도 되는 **소금**

다음의 글귀는 회사 식당에서 식사를 할 때, 옆에 쓰여 있던 글입니다.

'음식은 짜지 않게! 인생은 짧지 않게!'

소금이라는 것이 맛을 내는 데는 최고이지만, 요즘같이 잘 먹고 많이 먹는 시기에는 당뇨나 고혈압 등의 원인이 되기도 합니다. 음식은 짜지 않게 드시고 건강은 미리미리 챙기셔서 건강한 삶을 준비하시면 좋겠습니다.

회사에서나 집에서나 음식은 짜지 않아야 하는데, 혹시 짜도 되는 게 있을까 생각해 보았습니다.

첫째, 계획은 많이 짜야 합니다

회사에서는 한 해를 시작하기 전에 한 해의 계획을 미리미리 짜게 됩니다. 일년의 목표를 미리 짜면서 한 달 한 달의 목표도 세부적으로 짜

·평범한 것을 소중히 하는 리더가 되라·

게 되고, 주간 경영을 하는 요즘은 한 주 한 주의 목표도 짜고 관리하게 됩니다. 아마도 모든 회사에서는 계획을 짜실 거고 그 계획에 잘 짜고 성과를 체크하시는 것이 바로 관리자의 일이 아닐까 합니다. 관리자가 되려면 잘 짜야 합니다.

하지만, 회사 생활을 이십사 년 넘게 하면서 느낀 것 중의 하나이지만 목표를 많이 짜면 짤수록, 계획을 치밀하게 짜면 짤수록, 관리자가 짜면 짤수록 그 결과는 목표에 근접하고, 성과는 높아지는 것을 볼 수가 있었습니다. 나도 짜다는 소리를 듣고 있는지 모르겠네요. 그런가요?

둘째, 혁신은 마른 수건도 짜야 합니다

마른 수건을 짠다고 물이 나올까?

이런 질문을 해 보셨을 겁니다.

결론은 '짜면 나온다'입니다. 진짜?

마른 수건을 짠다는 의미는 수건에서 물을 짜라는 것이 아니라, 기존의 사고방식을 바꾸고 개선과 혁신에 접근하라는 말이라는 것을 회사원들이라면 알아들으실 수 있으실 겁니다. 회사에서는 된다고 생각하고 도전하면 안 되는 일이 없었으며 안 된다고 마음먹은 사람과 일하는 것이 가장 힘든 경험이었습니다.

셋째, 신입사원은 술값 내는 곳에서 짜야 합니다

요즘은 신입사원들이 많이 똑똑해져서 월급의 일정 비율을 저금을 잘 하시는 것 같습니다. 하지만 제가 사원 시절에는 월급이라는 것은 그동안 쌓아 놓은 카드 외상을 갚고 나면 얼마 남지 않을 정도로 경제관념이 없었던 것 같습니다. 한 10% 정도 적금이라는 것을 한 기억이

· 설렘있는 직장, 울림있는 리더 ·

납니다. 요즘은 아마도 대부분이 미래를 위해 50% 이상 저금 하실 것이고, 심지어 80% 이상 하시는 사원도 볼 수가 있었습니다.

여러 신입 사원을 보았는데 그중에서 실수하는 것 한두 가지 조언을 드리면, 젊은 사람들이 보험의 비율을 너무 높게 가져가는 것이었습니다. 적금은 3~4% 근처의 이자를 주는데 보험은 최소 10% 이상의 원금을 떼어간다고 보시면 됩니다. 이런 보험을 자신 월급의 60%까지 내는 사원이 있었습니다. 적절히 분배하십시오. 보험금을 내는 데는 짜야 합니다. 적금의 비율을 높이시고, 청약부금도 들으시고, 주식도 조금 정도는 괜찮습니다.

이렇게 살면 술집에서 짜질 수밖에 없습니다. 짠돌이로 딱~ 오 년만 고생하십시오. 그러면 종잣돈 최소 1억은 만들 수 있습니다. 그리고 나면 짠돌이 졸업이 가능하게 됩니다. 저도 실천하지 못한 내용이라 좀 쑥스럽게 제안 드립니다.

넷째, 아이디어는 많이 짜야 합니다

연구소에 계시는 분들은 일 년에 서너 개의 특허를 의무적으로 내게 됩니다. 하지만 기타 스태프 부서에 있는 분들은 특허에 대한 의무가 없기 때문에 특허는 갖고 있지 않게 됩니다. 품질부서, 자재부서, 인사부서에서 특허를 낼 수 있을까요?

아직까지 그런 사람을 찾을 수가 없었습니다.

제가 작년에 자재팀과 함께 일을 하면서 연구소에 있었던 경험을 살려서 자재팀 사원과 함께 아이디어를 짜내서 특허를 함께 내는 경험을 가질 수 있었습니다. 자신이 하고 있는 업무에서 정말 좋은 아이디어를 짜 낼 수는 있는데, 그것을 특허화하는 데는 경험이 없기 때문에 엄두도 내지 못했던 것 같습니다. 회사에는 특허를 내는 데 도와주는 곳이 있기 때문에 이것 역시 아이디어와 의지만 있다면 가능합니다.

마지막, 인생 계획을 잘 짜야 합니다

어제는 다음 주면 회사를 그만두시는 선배님과 커피를 한잔했습니다. 30년이 넘게 회사 생활을 하셨고 그분께서 하시는 일에서는 최고로 특화된 분 이셨습니다. 그분과 이야기하면서 느낀 것은 회사에 있을 때 회사 밖을 미리 준비하면 좋겠다는 것이었습니다. 저도 '5~6년 정도만 있으면 그 선배님과 비슷한 연배가 되는데'라는 말을 들었고, 나름 얼마 남지 않았다는 긴장감을 느낄 수 있었습니다. 회사 생활을 한 것보다 앞으로 회사 생활할 날이 짧게 남은 분이라면 이런 고민은 한두 번 해 보셨을 것 같습니다. 선배님이 말씀해 주신 것은, 인생 1막에 있을 때 인생 2막의 계획을 잘 짜야 한다는 것이었습니다.

음식은 짜지 않게! 인생은 짧지 않게!

그렇지만
계획은 자주 짜고, 실천으로 응답하고.
마른 수건도 짜고, 젖은 수건은 당연히 짜고.
술집에서도 짜고, 하지만 쓸 때는 쓰고.
아이디어도 짜고, 특허도 하나 출원해 보고.
인생이막도 짜고, 일막도 충실히 하는
그런 삶이라면 아무리 짜도 문제가 되지 않을까 합니다.

chapter 06

**좋은 리더는
L.E.A.D.E.R.에 강하다**

최고의 리더는
L.E.A.D.E.R.에 강하다

회사 생활을 하면서 좋은 리더만 만날 수 있을까요? 회사 생활을 하다 보면 다양한 유형의 리더를 만나게 되는데요, 직원들이 잠재력을 발휘하도록 영감을 주는 리더가 있는가 하면, 결단력을 갖고 과감하게 의사 결정하는 리더도 있습니다.

그렇다면 어떤 리더가 바람직한 리더일까요?

25년간 회사에 근무하면서 느낀 경험을 바탕으로 좋은 리더의 조건에 대해 말씀 드리겠습니다.

최고의 리더는 L.E.A.D.E.R.에 강하다

여러분의 직장에는 이런 생각을 가진 분들이 많지 않나요?

리더들은 왜 항상 지시만 하고 실천하려 하지 않을까?

나는 왜 만나는 리더마다 항상 독한 리더들만 만나는 것일까?

우리 리더는 왜 다른 리더처럼 일 처리가 깔끔하지 못하고 결정도 잘 내리지 않을까?

리더로 모시기는 하지만 내가 일 처리를 한다 해도 지금의 리더보다는 좋은 결정을 내릴 것 같은데…… 등.

저도 항상 리더들은 왜 저럴까 하는 시절이 있었습니다. 물론 구성원이었고, 리더의 경험은 거의 없던 시절이었습니다. 그러면서 생각해보니 리더들에게는 몇 가지 특징이 있더군요. 그분들은 모두 'L.E.A.D.E.R'에 능하시고 그것을 잘 활용하는 분들이었습니다.

LEADER란?
L : Listen

E : Experience

A : Attitude

D : Drama

E : Emergency

R : Reader

L : Well Listen (잘 들어 주십니다)
듣는다는 것은 어떤 의미이고, 특히 잘 듣는다는 것은 어떻게 듣는 것일까?

수천 년을 내려오는 표의 문자인 한자에 그 뜻이 고스란히 들어 있어 대신합니다. 들을 '청'과 들을 '문'이 그 의미를 포함하고 있고, '聽'이라고 쓰고, '聞'이라고 씁니다. 청(聽)을 가만히 뜯어보면 귀 '이(耳)', 임금 '왕(王)', 열 '십(十)', 눈 '목(目)', 하나 '일(一)', 마음 '심(心)'으로 되어 있습니다. 들을 때는 임금님의 말씀을 듣는 것처럼 귀를 쫑긋 세우고, 열 개의 눈을 모으고, 하나의 마음으로 듣는 것. 그것이 바로 듣는 것의 진수를 보여주는 것입니다. 문(聞)은 문 '문(門)'과 귀 '이(耳)'로 되어 있습니다. 듣는다는 것은 마음의 문을 활짝 열고 귀를 기울이는 것을 의미한다는 설명입니다. 어려운 뜻이 아니더라도 잘 들어주는 것은 세 가지만 하면 됩니다. 말하는 사람 쪽으로 몸을 돌리시고 눈을 응시해 주세요. 그리고 가끔은 고개를 끄덕여 주시고, 추임새도 넣어 주면 더 좋습니다. 마지막으로 가장 중요한 것은 열린 마음, 긍정의 마음으로 들어주는 것입니다. 참 쉽죠잉~~

E : Extream Experience (극한 경험을 잘 극복합니다)

직장에서의 극한 경험은 사람을 성장시킵니다. 그 어려움을 극복한 사람이 좋은 리더가 될 수 있는 자격을 갖춘 사람입니다. 까탈스럽고, 항상 도전적이고, 혁신적인 리더를 보스가 좋아하는 이유가 무엇인지 아십니까? 독하고 강한 리더가 있어서 프로젝트의 성공 확률이 높아지는 것도 있지만 그렇게 성장한 구성원들이 '일당백의 전사'로 성장하기 때문이기도 합니다. 그 조직의 DNA가 혁신과 도전과 성공으로 바뀌기 때문입니다.

마라톤 완주를 해 본 사람은 10Km, 하프 코스를 두려워하지 않습니다. 2천 미터급 산을 경험한 사람은 천 미터급 산에 대해 두려움이 없습니다. 1~4개 프로젝트를 병행해 운영해 본 리더는 프로젝트를 새롭게 시작하는 것에 머뭇거리지 않습니다. 극한의 경험을 많이 해 본 리더, 성공만 경험한 리더보다는 실패도 많이 겪어본 리더가 좋은 리더가 될 가능성이 높습니다. 좋은 리더는 평상시가 아니라 어려움이 닥쳤을 때 더 눈에 띄기 때문입니다.

A : Polite Attitude (좋은 태도를 가지고 있습니다)

회사에서 필요한 역량은 KSA입니다. K는 Knowledge, S는 Skill, 그리고 A는 Attitude입니다. 예전에는 K를 매우 중요하게 여겼습니다. Knowledge로 대표되는 항목은 학교 순위, 대학교 학점, 영어점수 등입니다. 그래서 좋은 학교에 들어가려고 하고, 학점 좋게 받으려고 하고, 특히 어학 성적 미리 따고 등 그런 것들이 곧 회사에서 필요한 역량이라 생각했기 때문입니다.

그러다 회사에서 정작 필요한 것은 K가 아니라 S가 더욱 필요하다는 것을 느끼고, 회사에서 바로 쓰일 수 있는 Skill이 각광받는 시기가 있었습니다. 대학교보다는 특화된 과가, 대학 성적보다는 전공 성적이, 영어 성적보다는 말하기 능력이, 회사에서 필요한 Six sigma Belt까지 스킬이 가치를 인정받는 시대가 있었습니다.

하지만 인생은 성적순이 아니듯이, 회사의 성과도 성적순이 아니라는 것이 이제 일반화되었습니다. 그래서 가장 필요한 덕목은 바로 Attitude, 태도라는 것이 요즘의 트렌드이자 꼭 필요한 항목이 되었습니다.

개인이 가진 역량은 KSA의 곱인 K * S * A 로 나타내게 됩니다. 여기서 중요한 것은 K와 S는 0~100까지 움직이는 것에 비해, A는 0~100까지 움직이는 것과 함께 '+'와 '−'도 결정한다는 것입니다. 능력이 아무리 뛰어나도 태도가 '−'로 향한다면 어떻게 되겠습니까? 끔찍하지 않습니까? 좋은 리더란, 역량도 충분히 갖추면 좋겠지만 항상 긍정적이고 조직에 플러스가 되는 태도를 가진 그런 리더입니다.

D : Popular Drama (좋은 드라마 속 주인공의 굴곡을 이해하고 있습니다)

'회사 생활은 20부작 드라마와 같은 것이다'라는 것을 이해하는 리더입니다. 유명한 드라마를 생각해보세요. 20부작의 드라마가 진행되며 온갖 고통과 괴로움을 겪는 사람이 누구인지 보시면 됩니다. 바로 주인공이죠. 가장 어려운 고통과 어려움을 겪으며 그것을 멋지게 헤치고 우뚝 서는 사람이 주인공입니다.

여러분이 드라마의 주인공입니다. 지금 내가 겪고 있는 어려움은 주인공이 되기 위한 관문이고, 드라마의 재미를 더하고 내 인생을 더욱 풍요롭게 해주는 필수 요소입니다. 지금 어렵고 힘드세요? 내 인생이, 내 직장 생활이, 내 리더십이 더욱 성장하는 시기라고 생각하시면 편하지 않을까 합니다. 그리고 힘들면 힘들수록 드라마의 하이라이트로 향해 가고 있구나, 그 고비를 넘기면 평화로운 해피엔딩을 맞을 수 있구나, 행복하지 않아도 내가 그렇게 만들어서 드라마를 해피엔딩으로 종료하면 되겠구나~. 그렇게 생각하면 되지 않을까요?

E : Overcome Emergency
(응급상황 같은 어려움을 극복하고 다시 태어납니다)

의사들이 처음 필수로 근무해야 하는 곳이 응급실이라고 합니다. 가장 힘들고 가장 많은 환자 유형과 긴급 환자를 대하면서, 병원에 오는 환자의 유형을 파악하고 자신의 역량을 극적으로 끌어올리는 과정을 겪게 하는 것입니다. 응급실에서 잘 이겨낸 의사가 훌륭한 의사가 될 수 있듯이, 위급 상황을 겪으며 긴급한 문제를 많이 풀어본 사람이 좋은 리더가 될 가능성이 높습니다. 회사에서 긴급한 상황이 발생했을 때 그 문제를 중심에서 끌고 가는 사람이 좋은 리더일 가능성이 크다

·좋은 리더는 L.E.A.D.E.R.에 강하다·

고 보면 되겠습니다.

Emergency를 잘 분석해 보면 'E + Mergy'가 들어가 있습니다. 팀을 Energy로 이끌고 팀의 Energy를 하나로 Mergy할 수 있는 리더가 좋은 리더라는 뜻이기도 하구요.

Emergence라는 글자로 찾을 수 있습니다. 우화, 허물을 벗고 나비로 태어나는 것을 뜻하는 의미의 단어가 숨어 있습니다. 조직을 꼬치에서 나비로 성장시키는 리더, 자신의 역량도 끊임없이 발전시키는 리더가 좋은 리더라는 의미를 말해주고 있기도 합니다.

R : Crazy Reader
(책을 읽어 좋은 리더의 경험을 간접적으로 흡수합니다)

인생에서, 직장에서 가장 중요하고 강력한 힘을 가진 지식은 직접 체험하는 것입니다. '보고할 때, 제가 해보니, 결과로 보면, 직접 현장을 보고 난 후의 결과는' 이라는 수식어가 앞에 붙으면 거의 모든 결과들이 술술 풀려 나가는 경우를 보게 됩니다. 그만큼 경험의 위력이 대단하다는 것을 의미하기 때문입니다. 그런데, 모든 리더가 모든 것을 더 많이 경험할 수는 없습니다. 새로운 부서에 배치 받을 수도 있고, 새로운 지역에 부임할 수도 있고, 생판 모르는 일을 풀어 나가야 할 경우도 생기고, 전문가들을 이끌어가야 할 경우도 생기기 때문입니다.

이럴 경우, 직접 체험 다음으로 효과적인 체험이 바로 간접 경험입니다. 새로운 부서로 배치되거나 새로운 일을 하게 될 경우 가장 좋은 방법으로 선배들의 보고서를 리뷰하거나, 구성원들의 경험을 많이 듣고 간접 체험하는 것입니다. 일반적이기는 해도 어려운 경우를 어떻게 헤쳐 나갔는지에 대한 경험을 축적한 좋은 리더에 대한 책을 읽는 것도 강력히 추천하는 방법이기도 합니다. 이와 같이 직접 체험을 하고, 간접 체험을 듣기도 하고, 책을 읽으면서 정신적인 체험도 겸비하는 그런 리더가 좋은 리더일 가능성이 크다고 봅니다.

여섯 가지 리더의 덕목을 말씀 드렸고, 모든 것을 한 문장으로 정리하며 마무리합니다.

Good Leader is good at L.E.A.D.E.R.

나는
몇 점짜리 리더?

      회사에서는 간단하게 두 가지로 사람들을 구분할 수 있습니다. 리더와 구성원. 95%의 사람은 구성원이고 5% 사람은 리더로서 역할을 하고 있습니다. 리더가 꼭 성공한 것은 아니지만 구성원보다는 좀 더 중요한 역할을 하고 있다고 생각해서 회사에서도 리더들에게는 많은 혜택을 주고 있습니다. 금전적으로 또는 교육 등 역량 향상 지원 쪽으로 말입니다. 구성원들 중에서 구성원들을 가장 잘 이해하고 구성원들을 잘 이끌어서 갈 수 있는 그런 사람을 리더로 선정하는 경우가 많으며 리더로 선정되면 회사에서 실력을 인정받는 것이라고 생각하면 될 것 같습니다.

그렇다면 직장에서 어떤 사람들이 리더가 되는 걸까?

나도 리더로서 성장할 가능성이 있을까?

24년간 회사 생활, 그리고 리더생활을 10년 넘게 해본 경험을 바탕으로 보면 리더가 되는 사람들은 남들과는 다른 특징들이 있어서 그 비

·설렘있는 직장, 울림있는 리더·

밀을 알려드릴까 합니다. 특히 아직 팀장이 아닌 구성원들도 몇 가지 특성을 보게 되면 리더가 될지 안 될지 알 수 있게 됩니다. 될성부른 나무는 떡잎부터 알아본다고 하죠? 바로 그런 것입니다.

리더가 될 가능성이 얼마나 높은지 간단하게 실험을 해 보겠습니다. 이미 리더의 자리라면 효과가 있는지 검증해 보시는 것도 재미있을 것 같고요.

문1] 자신의 성격이 외형적인가(1점)…내향적인가(10점)
문2] 데이터나 팩트를 중요시하는가(1점)…감각이나 직관을 중요시하는가(10점),
문3] 일을 중요시 하는가(1점)…사람을 중요시하는가(10점)를 구분해 봅시다.

점수는 10점 척도로 구분해서 점수를 매겨보시면 됩니다. 아주 외형적이면 1점, 아주 내향적이면 10점, 약간 외형적이면 3점, 약간 내향적이면 7점 등으로 점수를 매기면 됩니다. 그렇게 점수를 매기고 문1점수 + 문2점수+문3점수를 더하면 간단하게 자신이 리더로서 성장할 수 있는지 알 수가 있습니다.

우선은 참고가 되도록 제가 모셨던 몇 명의 리더들을 뽑아서 위 방법대로 점수를 매겨 봤습니다.

A그룹
이** 사장님 3 + 2 + 1 = 6점
하** 사장님 4 + 2 + 1 = 7점

홍** 사장님 2 + 2 + 3 = 7점

B그룹
이** 전무님 3 + 1 + 5 = 8점
김** 상무님 8 + 2 + 1 = 10점
황** 전무님 5 + 1 + 3 = 8점

C그룹
권** 교수님 8 + 2 + 10 = 20점
배** 사장님 7 + 8 + 10 = 25점

A그룹 리더분들은

주로 밖에서 사업을 시작하고 사장으로 계시는 분들로 점수가 아주 낮습니다. 열정적이고 활기차고 사업가적 수완이 남다른 분들이 아주 많았습니다. 회사에서도 정열적으로 일을 했지만 일찌감치 밖에 나가서 개인적인 사업을 시작하고 10년이 넘는 기간 동안 아직도 사장으로서 잘 일하고 계십니다.

B그룹 리더분들은

아직도 회사에서 임원으로 근무하고 계신 분들도 점수는 낮지만 A그룹보다는 극단적이지는 않고 중간적인 외형성을 보이고 계십니다. 신중하다고 해야 하겠죠. 하지만 A, B그룹 공통점은 데이터와 팩트 위주이고 사람보다는 일을 좀 더 중점적으로 생각하고 리더 생활을 하셨고 목표가 주어지면 저돌적으로 도전하고 성과를 내셨던 분들입니다.

·설렘있는 직장, 울림있는 리더·

C그룹 리더분들은

밖에서 다른 일을 하시거나 개인 일을 하더라도 감성적이고 사람을 중요시하는 분입니다. 회사에서 어느 정도까지는 성장할 수 있지만 최고의 리더에 올라가기에는 많은 도전을 받게 되는 경우로 밖에서 길을 찾는 경우가 많습니다. 정이 많고 좋은 사람이라는 평판은 많이 듣는데 회사 Top Manager들에게는 그리 좋은 평가를 받지 못하는 것 같습니다. 하지만 이런 분들을 따르는 사람들은 아주 많고 회사를 나가셔도 지속적으로 관계를 유지하는 경우가 많습니다. 저도 마찬가지이구요.

여러분은 문1~문3까지의 점수가 얼마나 되나요? 그리고 그 합은 얼마인가요?

제가 모신 리더들 중에는 위에서 보듯이 10점 밑으로 점수가 나오신 분들이 80% 정도를 차지하고 있었습니다. 또한 제가 모셨던 분들뿐만 아니라 저와 함께 3년 이상 일하면서 제가 팀장을 임명한 경우도 여러 명 있는데 그중에서도 역시 70% 이상이 점수가 10점 밑이었습니다. 주변 리더들을 봐도 전부는 아니지만 역시 이런 특성을 보이고 있습니다.

자신이 10점 이하라면 리더의 자질을 보유하고 계신 것이라 생각하시고 기회를 기다리시면 되고요, 10점 이상이라고 하면 자신이 부족한 부분이 어느 부분인지를 알고 그 부분을 보강하면서 리더가 될 수 있도록 준비하면 되겠구나 하시면 됩니다.

점수는 아니라도 상황에 대처하는 모습을 보면 리더가 될 수 있는 싹

·좋은 리더는 L.E.A.D.E.R.에 강하다·

수가 있는지 없는지 알 수도 있습니다.

상황 1] 사무실 복도를 걸어가고 있는데 복도 가운데 하얀 휴지가 떨어져 있다

첫째, 아무런 거리낌 없이 지나치는 유형

둘째, 살짝 비껴서 지나치는 사람

셋째, 과감히 허리를 굽혀서 줍는 사람

상황 2] 믹스커피를 마시려고 하는데 물통이 비어 커피 물이 딱 떨어졌을 때

첫째, 커피를 안 마셔버리는 유형

둘째, 무시하고 다른 물통이 있는 곳으로 가는 유형

셋째, 물통을 갈아놓고 커피를 마시는 경우

상황3] 식당에서 밥을 먹을 때

첫째, 맘껏 퍼서 편하게 먹고 잔반도 풍족하게 남기는 경우

둘째, 먹을 것만 챙겨서 먹고 가능하면 남기지 않으려는 유형

셋째, 적게 가져오고 모자랄 경우 다시 가져오는 경우

상황 4] 회식에 참여하는 내 모습

첫째, 구석에 조용히 앉아서 맛있는 것을 열심히 먹고 가능한 한 빨리 자리를 뜬다.

둘째, 조용한 담소를 나누면서 회식에 적절히 참여한다.

셋째, 주변 사람들과 활기차고 재미나게 이야기하고 분위기를 이끌어간다.

·설렘있는 직장, 울림있는 리더·

네 가지 상황에서 누가 리더가 될 떡잎인지 아실 수 있겠죠?

다시 한 번 정리하면, 우선 자신이 근무하는 직장에서 필요한 덕목이 무엇인지를 알아보시고, 자신이 모시는 리더와 주변에 계신 리더들이 가지고 있는 역량이 무엇인지 알아보시고, 자신이 데리고 있는 구성원들 중에서 어떤 실력을 가진 사람을 자신을 대신할 리더 감으로 뽑았는지 확인하는 것이 리더가 되는 덕목을 쉽게 아는 방법입니다.

리더가 되기 위한 덕목을 아는 것도 중요하지만, 그중 하나라도 자신이 부족한 것을 선정하여 실천하는 것이 더욱더 중요합니다. 하나씩 선정해서 도전하고 성장하는 것이 리더가 되는 지름길이기도 하고 리더가 되지 않더라도 회사에서 필요한 핵심인재로 성장해가는 방법입니다.

·좋은 리더는 L.E.A.D.E.R.에 강하다·

유능한 '**팔로워**'로 인정 받는
여덟 가지 팁

　　　　　회사 선배님과 식사를 하는 자리였습니다. 아침마다 리더에 대한 칼럼을 뉴스레터로 보내줘서 참 좋은데, 리더들에 대해서만 얘기하지 말고 '팔로워(Follower)'에 대한 이야기도 해 보면 어떻겠느냐는 말씀을 하시더군요. 실제로 서점에 가보면 '리더십'에 대한 책은 숱하게 쏟아져 나와 있지만, 그 반대 입장인 '팔로워'에 대해 얘기하는 책은 그리 많지 않습니다.

　혹자는 앞으로 '팔로워'가 세상을 바꾸고 리더를 움직이는 보이지 않는 영향력을 갖게 될 것이라고 전망하기도 합니다. 그래서 리더에 대해 제가 말씀 드린 것과 같은 구성으로, 구성원들이 능숙하게 활용해야 하는 것들이 무엇이 있는지 한번 생각해 보았습니다.

　우선 좋은 리더는 L.E.A.D.E.R에 강하다고 말씀 드렸죠? 마찬가지로 좋은 팔로워들도 'F.O.L.L.O.W.E.R'에 강해야 합니다.

FOLLOWER란?

F : Fast Response

O : Originality

L : Limitless

L : Listen

O : Optimistic View

W : Wisdom

E : Energy

R : Reader

좋은 팔로워란 누구일까?

'팔로워십'의 저자인 바버라 켈러먼은 팔로워를 다음과 같이 정의하였습니다. 팔로워는 지위에 의해 정의될 수 있다. 상대적으로 권력, 권한, 영향력이 상급자에 비해 적은 하급자다. 팔로워는 또 행동에 의해 정의될 수 있다. 다른 사람들이 원하거나 의도하는 것에 따라주는 사람이다.

제가 팔로워로서, 그리고 리더로서 경험한 바를 중심으로 유능한 '팔로워'로 인정받는 8가지 팁을 소개해 드리도록 하겠습니다.

F : Fast Response (반응이 매우 빠릅니다)

지식이 없어도, 실력이 없어도 구사할 수 있는 능력입니다. 제가 열 명이 넘는 리더들을 겪어 봤는데 빠르게 반응해서 좋아하지 않으시는 분이 없었습니다. 이것이 맞을 수도 있고, 틀릴 수도 있지만 저는 빠른 응대를 통해 문제를 해결해 나갈 수 있습니다. 능력이 다소 부족하더라도 빠른 응대로 회사 생활을 한다면 상위권에 랭크할 수 있습니다. 리더가 업무를 지시한 지 삼 일이 지나서도 아무런 피드백을 하지 않는다면 직원은 문제가 있다고 보시면 됩니다.

O : Originality (나를 차별화할 수 있어야 합니다)

일정 기간이 지나기까지 내가 누구인지를 알려야 합니다. 같은 분야에서 3년 정도 일하면 그 분야에서 '홍길동' 하면 떠오르는 이미지가 있어야 합니다. 전공 지식이 뛰어나든지, 보고서를 잘 쓰든지, 프레젠테이션을 잘하든지, 정리를 잘하든지 어느 한 분야에서 뛰어난 모습을 보여 줘야 합니다.

L : Limitless (나에게 한계는 없습니다)

팔로워는 주어지는 일에 어떤 제한을 두지 말아야 합니다. 이것은 이래서 안 되고, 저것은 저래서 안 되고, 업무를 받고 도전하는 데 한계를 두지 말아야 합니다. 리더가 업무를 지시할 때는 팔로워가 할 수 있는 일을 배분하는 경우가 대부분입니다. 할 수 없다는 생각으로 자신을 제한한다면 되는 일도 잘 안 될 수 있습니다. 자신의 제한을 벗어버리는 순간, 자신의 능력도 부쩍 성장하게 됩니다. 'Mission Impossible'이 아니라 'Mission I'm Possible'입니다.

L : Listen (리더가 하는 말을 잘 들어주세요)

리더도 잘 들어야 하지만 팔로워는 더 잘 들어야 합니다. 리더가 말하는 것이 무엇인지, 리더가 진정 바라는 것이 무엇인지 리더의 말속에다 들어 있습니다. 일을 할 때에도 잘 들어야 하고, 커피를 마시든, 회식을 하든 리더가 말하는 것을 잘 들어야 합니다. 리더의 말속에 리더의 철학이 들어있고, 리더의 철학을 이해해야 진정한 팔로잉을 할 수

·설렘있는 직장, 울림있는 리더·

있습니다.

O : Optimistic View (긍정적인 면을 보는 눈을 가지세요)

회사에서 리더가 지시하는 모든 일에는 이유가 있습니다. 모든 일에는 긍정적인 면과 부정적인 면이 항상 공존합니다. 그중에서 긍정적인 면을 바라보는 시각을 확보하고 있어야 합니다. 리더가 업무를 지시하면 안 되는 이유보다 될 수 있는 방향으로 생각을 해야 합니다. 아무리 어려운 일이라도 일단 시작하면 완료할 수 있다는 긍정적인 시각을 가져야 합니다. '왜 나에게만 일을 시킬까'가 아니라 '나에게 성장할 수 있는 기회를 줘서 감사하다'는 마음을 가져야 합니다.

W : Wisdom (지식보다 지혜가 필요합니다.)

회사에서 지식이 모자라서 업무가 해결되지 못하는 경우는 그리 많지 않습니다. 업무를 수행하는 데 필요한 지식은 생각보다 그리 높지 않고, 앞선 선배의 보고서에 대부분 들어 있습니다. 그러한 지식을 바탕으로 자신의 지혜를 덧입혀 자신만의 결과를 만들 수 있어야 합니다. 지식은 한계가 있지만 지혜는 끝이 없습니다. 작은 지혜가 하나둘 모여서 자신만의 지식을 만들 수 있습니다. 지혜의 샘은 파내면 파낼수록 수원이 더욱더 풍부해지기 때문에 지속적으로 파내야 합니다.

E : Energy (조직의 분위기를 바꿀 수 있는 에너지가 있어야 합니다)

내가 속한 조직의 분위기를 밝고 활기차게 만드는 것은 좋은 팔로워의 기본 조건입니다. 아침에 출근하면 가장 높은 톤의 목소리로 하루를 활기차게 시작해야 합니다. 일을 하면서는 항상 에너지가 넘쳐야 합

·좋은 리더는 L.E.A.D.E.R.에 강하다·

니다. 심지어 밤을 새더라도 기운 없는 모습을 보이지 말아야 합니다. 회식을 할 때는 더욱 활기차게 분위기를 리드해야 합니다.

R : Crazy Reader (책을 읽어, 좋은 리더의 경험을 간접 흡수합니다)

바쁜 와중에도 다양한 분야의 책을 읽습니다. 전공 보고서 또는 관련 서적을 많이 읽어야 합니다. 선배들의 지식을 왕성하게 흡수해야 합니다. 자신의 영역을 새로 구축하기까지 말입니다. 좋은 팔로워라면 많은 지식을 미리미리 채워 놓아야 합니다. 10년 넘게 쌓은 그 지식은 나중에 폭발적인 힘을 발휘하게 됩니다. 못 믿겠다고요? 믿고 실천해 보세요. 후회하지 않으실 겁니다.

지금까지 여덟 가지 팔로워의 덕목을 말씀 드렸는데요, 이 모든 것을 한 문장으로 정리하면, 'Good Follower is good at F.O.L.L.O.W.E.R.' 입니다. 좋은 팔로워 되기가 그리 녹록지 않습니다. 하지만 너무 어려워서 하지 못할 것도 없습니다. 내가 먼저 할 수 있습니다.

·설렘있는 직장, 울림있는 리더·

일 잘하는 리더는
필요 없다

　　　　　　　직장 생활을 하면서 자신에게 주어진 휴가를 효
과적으로 사용하는 사람들이 있을까? 특히 리더가 되면서부터 휴
가를 사용하고 싶어도 공식적인 일들이 많아서 사용할 수 없는 경우가
더 많은 것 같습니다. 하지만 필수교육이라고 하면 일주일도 빠지고, 결
혼이나 조사가 있는 경우 역시 불시에 빠지기도 합니다. 회사 생활을
하면서 주어진 휴가를 효과적으로 사용하는 방법이 없을까 고민해 봤
습니다. 그리고 그 원인 중의 하나가 바로 나 아니면 안 된다는 생각,
일을 위임할 줄 모르는 이유라고 생각합니다.

　회사 생활을 하면서, 내가 아니면 안 된다는 생각을 하는 리더들이
참 많은 것 같습니다. 어떻게 보면 참 책임감 있고 좋은 직장인이고 리
더라고 평을 할 수도 있지만 다르게 보면 나만이 오직 이 문제를 풀 수
있는 적절한 사람이라는 잘못된 생각을 하고 있다고 볼 수 있습니다.

　이런 사람은 내가 없으면 회사 일이 안 돌아간다고 생각하기 때문에
하루라도 빠지거나 휴가를 낼 수가 없게 됩니다. 일중독에 걸린 것처럼

매일을 일에 몰입하게 됩니다. 밤을 새고 일하는 스타일이 과거에는 좋은 직장인이라고 할 수 있었지만, 워크 앤 라이프 밸런스를 중요시하는 지금에는 약간은 불균형적인 사람이라고 말씀드릴 수 있을 것 같습니다. 특히 단기전에는 이런 리더들이 호평을 듣게 되지만 장기적으로 생각하면 이런 타입의 리더는 배터리형 리더로서 바로 교체가 되는 운명을 맞이하게 되는 경우를 많이 봐 왔습니다. 물론 배터리가 방전이 안된다면 상관없지만 말입니다.

특히 이런 타입의 사람들은 구성원으로서는 어느 정도 버틸 수 있지만 여러 사람을 성장시키고 다른 부서와 커뮤니케이션을 중시하는 리더로서는 크게 성장할 수가 없게 됩니다. 열심히 일하는 이런 사람이 리더가 되면 안 되는 이유가 몇 가지 있어서 함께 공유 드립니다.

첫째, 일년 내내 휴가 한번 낼 수가 없게 됩니다

자신에게 주어진 휴가를 계획적으로 내고 쉴 수 있는 리더가 필요합니다. 리더가 계획적으로 쉬는 모습을 보여주어야 구성원들도 마음껏 쉴 수가 있게 됩니다. 일만 열심히 하는 리더 밑에 있는 구성원들은 눈치를 보면서 주어진 휴가를 갈 수가 없게 됩니다.

리더들이여, 휴가 좀 가십시오.

둘째, 자신이 모든 문제를 해결해야 하기 때문에 대신할 사람이 필요 없게 됩니다

중요한 일에는 꼭 자신이 의사결정을 해야 하는 리더 스타일입니다. 단기적으로는 중요한 일을 리더가 직접 의사결정을 하기 때문에 좋은 리더라고 말할 수 있지만 모든 영양분을 혼자 독차지하는 소나무와 같은 리더라서 주변에 대등한 실력치의 구성원이 클 수가 없게 됩니다. 올망졸망한 구성원들이 리더가 시키는 일들만 처리하는 사람들로 변하는 경우가 많게 됩니다.

리더들이여, 가끔은 후배사원이 의사 결정을 하도록 내버려 두십시오.

셋째, 자신이 밤을 새고 일하기 때문에 일찍 퇴근하는 구성원들을 이해할 수 없습니다

아침에 일찍 출근하고 밤까지 열심히 일하는 것을 일반적인 회사 생활로 이해하고 있습니다. 가정생활, 취미생활로 여섯 시가 되면 바로 퇴근하는 경우를 이해하지 못합니다. 주말에 가정생활이 우선인 사람이 이해되지 않습니다.

리더들이여, 일찍 퇴근하시고 주말에는 쉬도록 하십시오.

넷째, 오직 일만이 중요하기 때문에 자기계발이나 역량 개발은 사치라고 생각합니다

회사에서는 일만 열심히 하면 되기 때문에 자기 계발을 위한 교육이나 공부를 하는 것을 보지 못합니다. 특히 업무와 상관없는 엑셀, 파워포인트, Six sigma, 어학 교육에 참가하는 것을 허락하지 않습니다. 그러한 모든 것은 자신이 알아서 보이지 않는 곳에서 스스로 공부하기를 바랍니다. 일만 잘하면 진급도 잘되고 회사 생활도 잘할 것이라 생각하고 있습니다. 하지만 역량이나 실력은 점점 감소한다는 것을 이해하지 못합니다.

리더들이여, 구성원들의 20%는 항상 교육에 참가하도록 조치하십시오.

마지막, 16시간 일하는 기준으로 프로젝트를 기안하고, 구성원들을 독촉하지 마십시오

하루 일하는 시간은 8시간입니다. 프로젝트를 기안하거나 진행할 때
는 하루 기본 일정이 8시간입니다. 진행하다가 안 될 경우에는 시간을
연장하여 근무할 수가 있을 수도 있습니다. 하지만 아침 8시부터 저녁
8시까지를 기본 근무시간으로 생각하시면 안 됩니다. 일 년~이 년을
잠시 빼먹을 수는 있지만, 그렇게 되면 정년까지 안정적으로 실력을 발
휘할 수가 없게 됩니다. 본인이 희생하며 근무할 수 있기 때문에 그렇게
함께하지 못하는 구성원들을 이해 못하게 됩니다.

리더들이여, 8시간 업무 기준으로 계획을 잡도록 하십시오

리더인 제가 이런 제안을 드리는 것 자체가 어색하시나요?
그렇다면 이미 일중독에 빠졌거나 회사를 과거 프레임으로 바라보시
는 경우라는 생각이 들고요. 요즘의 젊은 구성원들은 아마도 대부분
이해하고 우리 팀장도 이랬으면 할 것이라 생각합니다.

일!
열심히!
중요합니다.

·설렘있는 직장, 울림있는 리더·

취미!
열심히!
이것 또한 중요합니다.

하지만
열심히 하는 것
두 가지 모두 할 수 있어야
진정한 리더라고 생각합니다.

리더라면
열심히 일하지 마십시오.
열심히 놀 수 있어야 합니다.

빌게이츠도 비슷한 말씀을 하셨네요.

"모든 걸 내가 아니면 할 수 없다는 생각은 버려라. 나 없인 못산다는
생각 또한 버려라. 내가 없어도 이 세상은 잘 돌아간다."

교수님께 배우는
세 가지 **리더십**!

　　　　저번 주에는 학교 후배를 만날 일이 있었는데 대학교에서 교수를 하고 있더라고요. 얼굴이 회사에 있을 때보다는 훤하게 변해있고 윤기도 흐르더라고요. 시간도 많아서 개인이 좋아하는 것을 할 수도 있어서 좋다고 하더군요. 하지만 나름 그만의 고민이 있다 말하더군요. 세상에 고민 없는 곳은 없나 봅니다.

　　그래서 오늘은 교수님 이야기를 해볼까 합니다.

　　세상에는 세 종류의 교수님들이 있다고 합니다.

　　첫 번째, 어려운 이야기를 무척 어렵게 하는 경우
　　대부분의 교수님들이 이 부류에 속한다고 합니다. 남이 어떻게 이해할지는 별로 안중에 없기 때문에 학생이 졸든 말든 자신만의 수업으로 이끌어 가시는 분들이죠.

두 번째, 아주 어려운 이야기를 알기 쉽게 설명해주는 분들입니다

자신이 모두 이해하시고 고객인 학생의 입장에서 이해하기 쉽게 시청각 자료를 총 동원하여 알려주시는 분으로 참 드물다고 하네요.

세 번째, 정말 쉬운 이야기인데도 아무도 못 알아듣게 설명하는 경우

이 부분도 역시 학생의 입장보다는 교수님의 권위를 우선시하고 강의하시는 분이 되겠네요.

남을 가르치는 교수라고 해서 대인관계에서 나타나는 타인의 관점 획득 능력을 다 갖추고 있을 수는 없나 봅니다. 이러한 타인의 관점 획득 능력은 회사에서도 중요한 리더의 덕목으로 나타나게 됩니다. 역시 세 종류로 나눠보고 제가 옆에서 봐온 분에 대해 설명을 드리도록 하겠습니다. 물론 업무를 잘 지시하지 못하시는 분들도 가끔은 계시지만 대부분은 업무 처리는 원만하게 하시는 분들을 기준으로 생각해 보았습니다.

첫 번째, 어려운 일을 더 어렵게 지시하는 경우,

주로 신입 리더에게 나타나는 경우로, 어려운 일을 하면서 더 어려운 일이 더해지는 경우가 되겠네요. 열정은 끓어오르지만 업무에 대한 파악이 부족하고 핵심 사항만 준비하는 것이 아니라 주변 관련 지식까지 준비를 해야 하는 리더에게 나타나는 경우가 되겠네요.

고참 리더가 되었는데도 이렇게 업무 지시를 하신다면 정말 확~ 뜯어고쳐야 하겠지만, 정작 본인은 모르는 경우가 아주 많습니다. 구성원들이 자꾸 되물어 보면서 일 처리를 하는 경우가 리더가 바뀌는 경우보

·좋은 리더는 L.E.A.D.E.R.에 강하다·

다 더 빠르기 때문에 구성원들의 적극적인 서포트가 필요한 경우입니다. 보살펴 드려야죠.

**두 번째, 아주 어려운 일을 아주 쉽게 설명해주고
일을 잘게 쪼개서 지시하는 경우,**

리더가 실무 경험이 풍부하고 전체를 보는 눈을 가지고 있는 경우이고, 자신이 할 일과 임파워먼트 할 일을 잘 구분하고 구성원들에게 적절히 배분하여 업무를 지시하는 경우입니다.

이런 분을 리더로 모신 구성원들은 복을 받으신 것이라 생각하시고 더욱 업무를 깔끔하게 처리하셔야 하며, 리더가 생각하지 못한 것까지 제안하고 처리한다면 금상첨화이겠지요? 이런 타입의 리더와 업무를 하게 되면 시간 관리가 수월하게 되고 자신만의 시간 확보를 통해서 역량 개발도 덩달아 일어나게 되기 때문에 업무 집중력 향상과 역량 향상이라는 선순환을 그릴 가능성이 높습니다. 개인의 역량이 향상되면 업무능력도 동시에 향상되기 때문이죠. 그 예가 BB또는 MBB취득 등이 되겠네요.

**세 번째, 정말 쉬운 일인데도
아무 설명 없이 그냥 막 업무 지시를 하는 경우,**

역시 구성원의 입장이라기보다는 목표만을 내리는 형태의 리더로 일단 일을 시켜놓고 진행되는 것을 보면서 중간중간 변경하고 마무리해 나가시는 스타일의 리더가 되겠네요. 맨땅에 헤딩하면서 일을 배워야 제대로 일을 배운다는 지론을 가지신 분들이 이 부류에 속하시는 경우가 많으십니다. 일은 힘들게 배워야 머리에 오래 남고 특히 몸으로 배워야 제맛이라고 말씀을 하시는 분들입니다. 정말 일을 힘들게 배우는데……. 이런 분 밑에서 일을 배우면 욕은 엄청 하면서 결국 리더가 되었을 때는 판박이로 되는 경우가 있습니다.

저도 한때 '찢어진 우산'이라는 별명을 가진 리더로 생활했던 적이 있습니다. 리더라면 위선에서 오는 비(일이나 질책 등), 또는 관련 부서에서의 공격 등을 막아주는 우산과 같은 역할을 해야 하는데, 그 역할이 아주 부실하다는 뜻으로 후배 사원들이 붙여 준 영광스러운(?) 별명이었습니다.

또 다른 별명은 '해 바라기'였습니다. 리더가 말하는 것만 바라보고 일을 처리하기 때문에 그 밑에 있는 구성원들의 고충은 돌아보지 않는다고 해서 붙여진 또 다른 영광(?)스러운 별명입니다. 현재는 '찢어진 우산' 또는 '해 바라기'와 같은 이야기는 듣고 있지 않다고 생각합니다. 회사 생활을 하면서 구성원, 상사와의 관계에서 나타나는 타인의 관점 획득 능력을 갖추려고 노력한 결과가 아닌가 생각이 됩니다.

초창기 리더 시절 상사의 관점 획득과 얼라인만을 위해서 업무를 처리했다면, 점점 리더 생활을 하면서 구성원과의 관계와 얼라인이 필수적이라는 것을 터득 및 적용했고, 상사, 본인, 그리고 구성원들 간의 얼라인을 맞추려고 노력하는 쌍방향 관점 획득이 주된 이유라고 생각이 드네요.

우리 리더는 어떤 스타일일까요?

나는 과연 어떤 스타일의 구성원일까요?

그리고 어떤 스타일의 리더로 성장하고 싶으신가요?

생각해 보는 하루가 되었으면 합니다.

직장에서 준비하는
포트폴리오

어제는 우리 회사를 그만두고 다른 회사에서 근무하는 선배를 만났습니다. 여러 가지 이야기가 있었지만 최고의 화제는 역시 은퇴에 대한 화제였습니다. 정년이 언제까지인지, 정년까지는 회사에 다닐 수 있는지, 나온다면 언제 나와야 하는지 바깥에서 보니 회사에서 어떤 것을 준비해야 하는지 이런 것들에 대한 진솔한 조언이셨습니다.

여러 가지 이야기 중에서 나름 정리를 해보면 회사에 다니면서 자신의 은퇴 포트폴리오(Portfolio)를 준비해야 한다는 것이었습니다. 포트폴리오라고 하면 패션을 전공으로 하는 디자이너나 자신의 그림을 그리는 사람이 만들어 놓는 자신의 작품집으로, 특히 직장을 구할 때 포트폴리오를 보여주며 자신의 능력을 보여주는 것을 말합니다. 영화나 드라마 같은 데서 스케치북으로 준비된 작품집 많이 보셨죠?

그렇다면 은퇴를 하기 전에 직장인이 준비해야 하는 포트폴리오는 무

·설렘있는 직장, 울림있는 리더·

엇이 있을까요?

Portfolio를 잘 준비하기 위해서는 P.O.R.T.F.O.L.I.O를 이해하면 됩니다.

Personal Story

개인의 히스토리를 기록하는 것보다 개인의 스토리를 만드는 것이 더욱 중요하다

연구개발 10년, 품질보증 10년, 구매 10년과 같은 단순한 기록을 적는 것은 인생 2막을 시작하는 데 그리 많은 도움이 되지 않습니다. 그보다는 자신만의 스토리로 30년을 엮어내는 것이 더 중요합니다. 어떤 목표를 가지고 어떤 꿈을 가지고 회사 생활을 했는지가 더욱더 중요한 이야기라는 말입니다.

Originality

30년 넘게 회사를 다니면서 자신을 특징 지을 수 있는 전문성을 확보하는 것

회사에 30년 근무했다는 것이 자신을 나타낼 수는 없습니다. 품질부서에서 20년을 보냈다는 것이 전문성을 가졌다는 것을 의미하지는 않습니다. 관련 자격증이 있으면 근무 연수와 합해져서 시너지 효과를 볼 수 있습니다. 팀장님들이 요즘 필수로 따고 있는 MBB가 좋은 예가 될 수 있을 것 같습니다. 지금은 고통스럽고 힘든 과정을 겪고 계시고, 불평을 하는 분들도 많지만 나중에 품질 전문가를 증명하는 포트폴리오 재료로 잘 활용하실 수 있으실 겁니다.

Resume

1년마다 자신의 목표와 실적을 정리하고 기록하라

30년 넘게 근무를 하다 보면 자신이 무엇을 이루었고 자신이 어떤 도전을 했는지 기억하기가 쉽지 않습니다. 그렇기 때문에 매년 자신의 이룬 성과를 상사에게 업무보고 하듯이 적어 쌓아 놓는 것입니다.

일 년의 성과를 정리하는 것이기도 하고, 일 년을 돌아보는 것이기도 합니다.

기록을 하다 보면 자신이 부족한 것이 무엇인지 필요한 것이 무엇인지 매년 확인할 수 있으며 그로 인해 자신의 CDP를 보강할 수 있는 기회를 얻을 수도 있습니다.

Try & error

성공 체험도 중요하지만 포트폴리오에는 실패 체험이 더 중요하다

포트폴리오에는 누구나 성공 실적을 기록하고 싶어할 것입니다. 당연히 성공한 실적을 정리해야 합니다. 추가하여 그 성공을 더 돋보이게 하는 것이 바로 실패 경험입니다. 실패를 어떻게 이겨냈는지에 대한 스토리가 있다면 열 개의 성공보다 더욱 값진 기록이 될 수 있습니다.

Friendship

안에 있는 후배 사원들에게 잘해주어라. 그들이 미래의 먹거리를 제공해 준다

밖에 있는 선배들을 잘 대해주어라. 그분들이 나를 인도해 줄 인생 선배이기도 하다

10년 후 회사를 다시 찾았을 때 후배 사원들이 부장이 되어있고, 팀

· 설렘있는 직장, 울림있는 리더 ·

장이 되어있을 것입니다. 그때 흔쾌히 시간을 내주고 식사를 대접받을 수 있는 Friendship을 유지하십시오.

지금 나에게 부탁하는 외부 선배님이나 동료들에게 정성껏 대해 주세요. 지금은 내가 갑의 위치에 있기 때문에 어깨가 뻣뻣해질 수 있습니다. 선배를 기다리게 할 수도 있습니다. 그렇게 하지 마십시오. 고객을 대하듯 대하십시오. 내가 바깥에 발을 내디딜 때 나를 이끌어 줄 사람이 바로 그 선배이기 때문입니다.

Observation
회사 안과 밖에서 어떤 흐름이 흘러가는지, 나와 관련된 것이 무엇인지 항상 주시하라

회사 안에서 어떤 기회가 존재하는지, 바깥 선배님들은 무엇에 관심이 있는지 항상 관찰하고 관심을 갖고 있어야 합니다. 관찰이 자신을 발전시키고 미래 먹거리를 줄 수 있습니다. 기회는 항상 우리 곁을 지나가고 있습니다. 관심이 있는 사람만이 그 기회를 잡을 수 있습니다.

Level check
현재의 역량 레벨과 미래의 역량 레벨을 항상 확인하라

자신의 레벨을 항상 확인하도록 하십시오. 현재 자신의 역량이 어떤지, 자신의 미래 역량은 어떤지 지속 확인하여야 합니다. 부족한 것을 느끼고 알아야 자신을 지속 발전시킬 수 있는 원동력을 얻게 됩니다.

Interesting
은퇴 후 새로 시작하는 업무는 자신이 흥미 있는 일을 해야 한다

은퇴 후 시작하는 인생 2막은 돈을 따라가기보다는 자신이 좋아하는 일을 해야 한다는 것입니다. 돈을 따라 다니면 자신의 가치가 떨어지면 바로 토사구팽 되지만 자신이 좋아하는 일을 하면 한 곳을 나와도 지속적으로 할 수 있고, 이곳 저곳을 옮겨 다니는 것이 또 다른 경험이 되기도 하기 때문입니다.

Open mind

열린 마음으로 사람을 대하고 일을 대하십시오

미래에 대한 일을 너무 걱정하느라 현재의 일에 집중하지 못하면 안 됩니다. 현재는 현재의 일에 집중하고 몰입하고, 미래는 미래를 위해 집중하고 몰입하면 됩니다. 이 모든 것의 시작은 마음을 열고 넓은 마음으로 맞이하라는 것입니다. 긍정과 함께하는 Open mind는 현재와 미래를 편안하게 합니다.

선배님한테 들은 인생 2막을 위한 포트폴리오. 누구나 준비할 수 있는 것이라는 생각이 드네요. 여러분도 할 수 있죠?

몸으로 배우는
좋은 리더 필수 조건

　　　리더가 갖추어야 할 덕목을 우리 몸을 보면 아주 쉽게 알 수 있습니다. 우리 몸에서 두 개인 것은 많이 사용하시면 되고, 하나인 것은 좀 적게 사용하시고 조심하면 좋은 리더가 될 수 있습니다. 참 쉬~ㅂ~ 죠~오~ 잉!

　우선 머리 부분을 보도록 하죠.

　귀는 두 개입니다.
　리더는 구성원의 의견을 잘 들어야 합니다. 상사, 동료, 후배 및 타 부서의 의견을 잘 듣는 리더가 좋은 리더가 될 수 있습니다. 물

·좋은 리더는 L.E.A.D.E.R.에 강하다·

론 자신 내면에서 나오는 소리를 듣는다면 그것 또한 많이 듣는 시간을 가진다면 무엇보다 도움이 됩니다.

눈도 두 개입니다. 리더는 잘 봐야 합니다. 흘러 다니는 정보를, 구성원들의 아픔을, 부서가 돌아가는 상황을, 우리 부서의 장단점을 아주 잘 봐야 합니다. 필요하면 안경을 쓰더라도 잘 봐야 합니다. 구성원들의 얼굴을 보고 그들의 오늘 기분을 이해할 수 있어야 합니다.

코에는 구멍이 두 개 있습니다. 콧구멍은 외부와 내부를 연결시켜주는 통로입니다. 리더는 소통을 많이 해야 합니다. 구성원들과 나와, 우리 부서와 바깥 부서와, 사무실과 현장이 숨 드나들 듯 빈번히 소통해야 합니다. 조직 내부로 신선한 공기를 흡수할 수 없게 되면 각 조직이 괴사하게 됩니다. 소통을 안 하면 우리 몸을 유지할 수 없습니다.

입은 하나네요. 리더는 입을 조심하면 됩니다. 말하는 것을 조심하고 하고 싶은 말은 줄이고 구성원들이 이야기하도록 하십시오. 내가 이야기하는 것보다 조직이 이야기하도록 하는 리더가 좋은 리더입니다. 리더인 저도 상사나 보스가 이야기하지 못하도록 미리 먼저 준비하고 알아서 일하는 것을 추구하고 있습니다.

가슴은 두 개입니다. 리더는 마음과 가슴을 아주 많이 사용해야 합니다. 따뜻한 마음으로 조직을 보살피고 행복한 마음으로 구성원들을 이끌 수 있어야 하겠습니다. 사랑과 긍정의 마음을 조직에 강하게 전파해야 합니다. 넓은 가슴으로 어려움을 감싸 안아야 합니다.

손도 두 개입니다. 리더는 손을 많이 사용해야 합니다. 구성원들의 손을 많이 잡아 주어야 합니다. 많은 사람들을 찾아 다니며 현장분들의 손을 많이 잡아야 합니다. 손수 앞장서서 리딩하여야 합니다. 솔선수범하여야 합니다.

마지막으로 발도 두 개입니다. 리더는 발과 같은 역할을 많이 하여야 합니다. 다리는 몸을 지탱하는 역할을 합니다. 균형 잡힌 조직을 이끌기 위해서는 어느 한쪽으로 치우친 의사결정을 하면 안 됩니다. 상사에게 너무 치중된 의사결정, 어느 구성원에게 편중된 업무 처리, 조직보다는 자신에게 치우친 의사결정 등은 조직의 균형을 흔들리게 하는 주된 요인입니다. 좋은 리더는 발로 많이 뛰어야 합니다. 현장을 구석구석 돌아다녀야 합니다. 문제가 있는 곳을 직접 방문하여 현장과 불량을 확인하여야 합니다. 구성원들에게 발로 달려가야 합니다. 내가 먼저 달려가서 짧은 시간이나마 열심히 함께해야 합니다.

다시 한 번 정리하면, 좋은 리더는 자신이 말하는 대신 구성원의 소리를 많이 듣고, 어려움과 문제점을 많이 보고, 소통을 빈번하게 하며 따뜻한 마음으로 구성원을 감싸주고, 사람도 많이 만나고 현장을 발로 뛰며 구성원들을 찾아갑니다.

거울로 자신의 얼굴을 자세히 보세요. 어느 부분이 자신이 가지고 최대의 강점인지 꼼꼼히 뜯어보세요. 분명 어느 한 곳이 남들보다 잘 발달되어 있으실 겁니다. 저는 오늘 부처님 귀가 되어보도록 하겠습니다. 잘 듣는 하루, 어제보다 더 나은 리더가 되기 위하여……

·좋은 리더는 L.E.A.D.E.R에 강하다·

최고의 리더십은
러브십(LOVEship)이다

리더들은 회의가 없는 하루가 있을까 하는 정도로 일상이 회의의 연속인 것 같습니다. 회의에 참석하는 리더들을 보면서 참 다양한 사람들이 리더를 하고 있구나 하는 생각을 했습니다. 회의를 주도적으로 진행하는 리더, 발표자에게 중간중간 궁금한 것을 물어보며 지식을 좀 더 많이 취하는 리더, 보고서에 문제가 없는지 파고드는 리더, 자신이 알고 있는 것을 뽐내듯이 이야기하는 리더, 다른 리더를 이론적, 데이터적으로 공격하는 리더, 아무 말없이 그냥 앉아있는 리더……

그렇다면 과연 어떤 리더를 좋은 리더라고 말할 수 있을까?

좋은 리더라고 하면 떠오르는 여러 가지 항목들이 있지만, 제가 생각하는 좋은 리더의 조건 네 가지를 말씀 드리도록 하겠습니다.

첫째, Lead-Ship, 리더란 조직을 앞장서서 열정적으로 이끄는 사람입니다

조직이 가야 할 방향을 결정하고, 그 방향의 중간 귀착점을 결정하고, 세부적인 실행계획을 함께 작성하며, 함께 실천해 가는 그런 사람이 리더입니다. 조직의 비전이 무엇인지를 구성원들과 함께 만들어 내고, 구성원 하나하나가 그 비전 달성을 위해 각자의 역할을 이해하도록 하며, 구성원들이 완성해 가는 결과를 트래킹하며 이상이 있을 시 보완해 주면서, 결국은 대부분의 구성원들이 성과를 달성하는 쾌감을 느끼도록 하는 역할이 리더가 할 일입니다.

Lead한다는 것에는 어떤 예가 있을까요?

일 년 목표를 혼자 도전적으로 끌어내기보다는, 구성원들이 제공하는 데이터를 바탕으로 가슴이 약간 답답한 도전적 목표를 끌어내는 것이 Lead이고, 회의를 혼자 이야기하며 내가 원하는 결과로 끌어가기보다는, 회의에서 원하는 목표를 주고 구성원들이 자발적으로 참여하여 좋은 결과로 끌어가게 하는 것이 Lead이며, 조직 문화나 조직이 달려가는 방향을 내가 제공하고 끌어가기보다는, 구성원들이 진정 원하는 것, 구성원들이 많이 부족한 부분을 스스로 발견하고 개선하도록 끌어가는 것이 진정한 Lead 이며, 리더의 이끎이 아닐까 합니다.

둘째, Ownership, 리더란 큰 문제가 발생 시 주인 의식을 가지고 주도적으로 해결해 가는 사람입니다

평소에 문제가 생기면 그냥 구성원들이 고민하고 해결하도록 기다려 주는 것이 리더의 역할입니다. 왜냐하면 문제를 풀어가면서 개인의 역량이 향상되는 것이 바로 회사 시스템이기 때문입니다. 하지만 일상적으로 작게 생기는 그런 문제가 아니라 목표 달성에 치명적인 차질을 주는 긴박한 문제가 발생 했을 때는 앞장서서 해결하는 주인 의식

(Ownership)이 있어야 합니다.

좋은 리더들은 큰 문제가 있는 회의에서 그 진가를 발휘합니다. 회의에서 이 일이 어느 부서의 일인지 먼저 따지는 분이 있으십니다. 이런 분들은 내 부서의 일이 아닌 것을 먼저 증명하고 문제에서 빠지려고 하는 의도가 있으신 분들입니다. 문제가 정확이 무엇이고 문제를 풀기 위해서 우리 부서가 어떤 기여를 할 수 있을까 고민하기보다는 문제를 정확히 디파인한다는 미명 아래 자신과 관련 없음을 증명할 수 있는 아이디어를 찾는 사람입니다.

전체적인 문제를 보려고 노력하는 사람입니다. 그리고 회의를 주도하는 사람입니다. 관련 부서에 일을 나눠주고 챙기는 사람입니다. 그 일이 해결될 때까지 끝까지 확인하고 정리하는 사람입니다. 그런 분이 바로 Ownership을 가진 리더입니다.

셋째, Venture-ship, 리더란 아주 높은 목표를 설정하고 과감하게 도전하는 사람입니다

리더란 자신이 맡은 조직의 성과를 책임지는 사람입니다. 연초에 목표를 설정하면 연말에 있을 결과도 머릿속에 그릴 수 있는 사람이어야 합니다. 자신이 가진 자원을 잘 파악하고 그 자원의 역량을 극대화하여 최고의 성과를 이끌어 내는 사람입니다. 하지만 자신이 가진 자원 중에서 30% 정도는 도전적인 목표를 가지고 과감하게 도전을 해야 합니다. 30%의 자원이 도전하는 목표는 지금까지 해보지 않은 영역의 분야를 개척하고 도전하는 것입니다. 30%를 투자해서 올해 30%가 나오는 것이 아니라 누적으로 10배 이상의 성과가 꾸준히 나오는 그런 과제를 도전하는 것입니다.

·설렘있는 직장, 울림있는 리더·

냉장고 사업부의 리니어 모터가 그 예로, 연구 개발을 10년간 도전했다고 합니다. 그렇게 완성된 모터를 이용해서 전 세계 냉장고 시장을 고효율로 도전하고 영역을 넓혀가고 있습니다. 10년간 노력하면 최소 10년간 효과를 볼 수 있고, 바로 이런 정신이 Venture-Ship이 아닐까 합니다.

지금 하고 계신 일 중에서 내년을 위한 일, 내후년을 위한 일에 얼마나 투자하고 계신가요?

넷째, Entrepreneurship, 리더란 궁극적으로는 회사의 이익을 위한 기업가 정신을 가져야 합니다

열정적으로 조직을 이끌고, 문제에 대한 주도적 해결을 하고, 과감한 도전을 하는 사람이 되어야 합니다. 그런 사람들로 가득한 조직에 근무한다는 것은 크나큰 행복이자, 큰 행운이라 할 수 있습니다. 하지만, 회사를 운영하는 기업가의 정신을 가지고 회사의 일에 임해야 한다는 것입니다. 회사의 운영 방침이 무엇인지 잘 알고 그 운영 방침을 잘 이행하는 중간 관리자 역할을 충실히 해야 합니다.

좋은 제품을 통해 시장에 어필하는 회사라면 당연히 좋은 품질의 제품을 개발하는 방향으로 조타를 해야 합니다. 봉사와 사회환원을 목표로 하는 회사라면 이익보다는 사회환원을 중점적으로 생각해야 합니다. 연구 개발을 주도적으로 하는 회사라면 신기술 개발이나 특허권 확보 등에 신경을 집중해야 합니다. 디자인이 특징인 회사라면 처음 시작부터 디자인 부분에 적합한 역량을 개발하고 제공해야 합니다.

내가 만약, 우리 회사의 CEO라면 어떻게 할까?

이런 고민을 하고 자신이 하는 일에 대입시켜 조직을 이끌고 문제를 해결하고 성과를 내는 것이 바로 Entrepreneurship이 아닐까 합니다.

좋은 리더란?

Lead-ship이 있고,

Ownership이 있으며,

Venture-ship도 가지고,

Entrepreneurship이 있는 사람입니다.

Good Leader should have L.O.V.E.ship.

설렘있는 직장
울림있는 리더

초판 1쇄	2015년 1월 5일
2쇄	2015년 2월 12일

지은이	박헌건
발행인	김재홍
디자인	박상아, 고은비
교정·교열	안리라
마케팅	이연실

발행처	도서출판 지식공감
등록번호	제396-2012-000018호
주소	경기도 고양시 일산동구 견달산로225번길 112
전화	02-3141-2700
팩스	02-322-3089
홈페이지	www.bookdaum.com

ISBN	979-11-5622-065-7 03320

CIP제어번호	CIP2014037993
	이 도서의 국립중앙도서관 출판시 도서목록(CIP)은 e-CIP 홈페이지(http://www.nl.go.kr/ecip)에서 이용 하실 수 있습니다.